改訂新版

やさしい初歩のインドネシア語

舟田京子 著

南雲堂

音声ファイル
無料 DL
のご案内

このテキストの音声を無料で視聴（ストリーミング）・ダウンロードできます。自習用音声としてご活用ください。
以下のサイトにアクセスしてテキスト番号で検索してください。

https://nanun-do.com　テキスト番号［**116174**］

※ 無線 LAN（WiFi）に接続してのご利用を推奨いたします。

※ 音声ダウンロードは Zip ファイルでの提供になります。
お使いの機器によっては別途ソフトウェア（アプリケーション）の導入が必要となります。

やさしい初歩のインドネシア語 音声ダウンロードページは
左記の QR コードからもご利用になれます。

ナレーション

イメルダ・クットリル・宮下
舟田 京子

インドネシア語を学ぶにあたり

言語を学ぶ人には，その言語を手段と考え実用向けに勉強する人，そして学問としてその言語学などを学ぶ人の二通りがあります。本書はその前者の方々のための本です。簡単な文法を知り，丸暗記の会話とは一味違った生きた会話をし，新聞や書類のおおよその内容を把握したり，簡単な手紙を書いたりする力を身につけることができます。

多くの皆さんにとってインドネシア語は未知の言語だと思いますが，心配するにはおよびません。インドネシア語の発音はローマ字と似ていて，多くの子音に母音が伴います。ですから，一部の例外を除いてローマ字読みすればよいので，日本人にはとっつきやすい言語です。

語順は〈主語＋述語＋目的語〉なので，日本語というよりは英語に近いと考えてよいでしょう。

文法は初歩段階では簡単なので，すぐに短い文の会話ができるようになります。文法が複雑ではないということは，裏を返せば単語を多く覚えなければならないということです。

当然のことながら，インドネシア語では特に単語力の豊富な人ほど早く上達します。本書の中には，日ごろよく使う単語を多く入れてありますので，これを暗記すれば会話に不自由しないでしょう。

実用的な言葉を学ぶには，机に向かって難しい顔をして勉強しても身につきません。場所を選ばずリラックスして楽しい気分の中で学ぶことが，いちばん早くその言葉を自分のものにできる秘けつです。

本書では日本語訳の部分で，日本語としては不自然なものがあることに気づかれると思いますが，インドネシア語の文章の構成や言葉のニュアンスを正しく理解してもらうために，あえてそのような日本語も使いました。

さあ，楽しみながらいっしょにインドネシア語を勉強していきましょう。

最後に本書の執筆にあたり，協力をしてくださったインドネシア大学文学部の Harimurti Kridalaksana 教授とジャカルタ在住の友人 Emma Madjid さんと出版に際しお世話になった西村満男教授に感謝いたします。

著　者

目次

❖インドネシア共和国のあらまし❖

人　口　約２億７千５百万人（世界第４位）

面　積　約 192 万 km^2（日本の約 5.5 倍）

首　都　ジャカルタ

位　置　北緯６度から南緯 11 度，東経 95 度から東経 141 度

島　数　約 17,491（このうち約 3,500 の島々に住民が居住）

気　候　熱帯性で季節は雨期と乾期のみ

気　温　摂氏 27 度（年平均）

言　語　インドネシア語（ただし多くの種族に分かれているので主な地方語は 250 種）

国家体制　立憲共和国（大統領：ジョコ・ウィドド　2023 年現在）

国　是　パンチャ・シラ (Panca Sila)：５原則

① 神への信仰
② 人道主義
③ インドネシアの統一
④ 民主主義
⑤ 社会正義

国　旗　メラ・プティ（Merah Putih）：紅色は勇気，白色は純潔を表す。

赤
白

国　章　ガルーダ (Garuda)

国　歌　インドネシア・ラヤ (Indonesia Raya)

宗　教　イスラム教（人口の約 90%），キリスト教，ヒンズー教，仏教など。

教　育　6･3･3 制

小学校就学率	99.22%
中学校就学率	95.36%
高等学校就学率	71.99%
短大，大学就学率	27.92%

（2018 年インドネシア中央統計庁調べ）

通　貨　ルピア (Rupiah) ➡ 約 120 ルピア＝1 円 (2023 年現在)

経　済　経済開発のため開発 5 か年計画実施中

政　治　東南アジア諸国連合 (ASEAN) の加盟国として活躍中。加盟国はインドネシア，タイ，マレーシア，フィリピン，シンガポール，ブルネイ，ベトナム，ミャンマー，ラオス，カンボジア。

発音編

インドネシア語の文字はアルファベットで表記します。発音は日本語と似ていますが一部注意すべき点があります。なお，アクセントの位置はあまり気にする必要はありません。

母　音

a

日本語の「ア」とだいたい同じ。

kata「言葉」
カタ

bisa「～できる」
ビサ

é

日本語の「エ」とだいたい同じ。以降本の中で便宜上，下記のように〔´〕を入れます。

méja「机」
メジャ

énak「おいしい」
エナッ(ク)

e

日本語の「エ」と発音する唇の形で「ウ」と発音します。

dekat「近い」
ドゥカッ(ト)

besar「大きい」
ブサール

i

日本語の「イ」とだいたい同じ。

ibu「母」
イブ

itu「それ」
イトゥ

o

日本語の「オ」とだいたい同じ。

orang「人」
オラン

roti「パン」
ロティ

u

日本語の「ウ」より少し口をとがらせて発音します。

uang「お金」
ウアン

susu「牛乳」
スス

重母音

ai

日本語の「アイ」とだいたい同じですが,「エイ」と発音する場合もあります。

pantai「海岸」
パンタイ

sampai「到着する, ～まで」
サンパイ

au

日本語の「アウ」とだいたい同じですが,「オウ」と発音する場合もあります。

atau「または」
アタウ

kalau「もし～なら」
カらウ

子　音

b

ローマ字の“b”と同じ発音ですが, 語末に来る場合は声に出さず口の中で発音します。

babi「豚」
バビ

sebab「理由」
スバ(ブ)

c

ローマ字の「ch」と同じ発音。

cuci「洗う」
チュチ

cétak「印刷する」
チェタッ(ク)

d

ローマ字の「d」と同じ発音ですが, 語末に来る場合は声に出さず口の中で発音します。

désa「村」
デサ

murid「生徒」
ムリッ(ド)

f

ローマ字の「f」と同じ発音。

film「映画」
フィる(ム)

fanatik「熱烈な, 過激な」
ファナティッ(ク)

g

ローマ字の「g」と同じ発音ですが，語末に来る場合は声に出さず口の中で発音します。

garis「線」 ガリス　**gunung**「山」 グヌン

h

ローマ字の「h」と同じ発音ですが，hが前後を違う母音ではさまれる時は発音しない場合もあります。また語末に来る場合は声に出さず，息をはき出します。

hitam「黒い」 ヒタ(ム)　**tahu**「知る」 タウ　**masih**「まだ～である」 マスィ

j

ローマ字の「j」と同じ発音。

jam「時計，時間」 ジャ(ム)　**jagung**「トウモロコシ」 ジャグン

k

ローマ字の「k」と同じ発音ですが，語末に来る場合は声に出さず口の中で発音します。

kota「町，市」 コタ　**duduk**「座る」 ドゥドゥ(ク)

l

舌先を上歯ぐきに付けて日本語の「ラ行」を発音します。本の中では便宜上ひらがなで表記します。

lihat「見る」 りハッ(ト)　**lilin**「ろうそく」 りりん

m

ローマ字の「m」と同じ発音ですが，語末に来る場合は声に出さず口の中で発音します。

makan「食べる」 マカん　**senam**「体操」 スナ(ム)

n

ローマ字の「n」と同じ発音ですが，語末に来る場合は発音してから舌先を上歯ぐきに付け「g」の音が出ないようにします。本の中では便宜上ひらがなで表記します。

nona「未婚の女性」 ノナ　**bukan**「名詞の否定語」 ブカん

p

ローマ字の「p」と同じ発音ですが，語末に来る場合は声に出さず口の中で発音します。

pukul「打つ」　　**tiap**「毎」
プクる　　ティアッ(プ)

r

ローマ字の「r」とだいたい同じ発音ですが，思いきり舌を巻きます。

ramai「にぎやかな」　　**besar**「大きい」
ラマイ　　ブサール

s

ローマ字の「s」と同じ発音。

suka「好き」　　**malas**「怠惰な」
スカ　　マラス

t

ローマ字の「t」と同じ発音ですが，語末に来る場合は声に出さず口の中で発音します。

tulis「書く」　　**sangat**「大変に」
トゥりス　　サンガッ(ト)

v

ローマ字の「f」の発音。

variasi「多様」　　**révolusi**「革命」
ファリアスィ　　レフォるスィ

w

ローマ字の「w」の発音。

wanita「女性」　　**karyawan**「労働者」
ワニタ　　カルヤワん

y

ローマ字の「y」の発音。

yakin「確かな」　　**kaya**「金持ちの」
ヤキん　　カヤ

z

ローマ字の「z」もしくは「j」の発音。

zaman「年代」　　**izin**「許可」
ザマん　　イジん

二重子音

kh

日本語の「ハ行」の発音で息を多くはきます。

akhir「最後の」 アヒール　　**khusus**「特別の」 フ［ク］ースス

ng

日本語の「ん」の発音で舌をどこにも付けず，中ぶらりんの状態にします。

menangis「泣く」 ムナンギス　　**datang**「来る」 ダタン

ny

ローマ字の「ny」の発音。

nyonya「夫人」 ニョニャ　　**tanya**「質問する」 タニャ

sy

ローマ字の「sy」の発音。

syarat「条件」 シャラッ(ト)　　**masyhur**「有名な」 マシュ(フ)ール

❖アルファベットの発音❖

a	**b**	**c**	**d**	**e**	**f**	**g**	**h**	**i**
アー	ベー	チェー	デー	エー	エフ	ゲー	ハー	イー
j	**k**	**l**	**m**	**n**	**o**	**p**	**q**	**r**
ジェー	カー	エる	エ(ム)	エ(ヌ)	オー	ペー	キー	エル
s	**t**	**u**	**v**	**w**	**x**	**y**	**z**	
エス	テー	ウー	フェー	ウェー	エクス	イェー	ゼッ(ト)	

II

単語編

1
食べ物と飲みもの
Makanan dan minuman
マカナん　ダん　ミヌマん

pisang
ピサン

バナナ

apel
アプる

リンゴ

papaya
パパヤ

パパイヤ

mangga
マンガ

マンゴー

durian
ドゥリアん

ドリアン

jeruk
ジュルッ（ク）

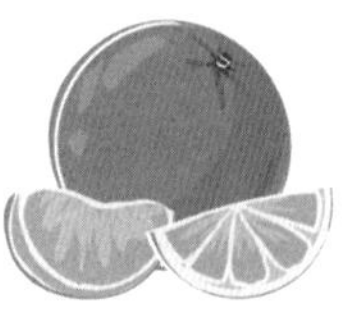

みかん

semangka
スマンカ

すいか

buah-buahan
ブア　ブアハん

種々果物

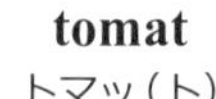

tomat
トマッ（ト）

トマト

kol
コる

キャベツ

kentang
クンタン

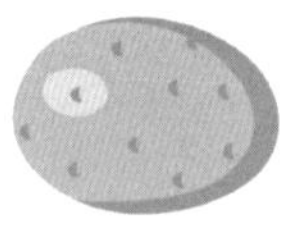

じゃがいも

wortel
ウォルトゥる

にんじん

ketimun
クティムん
きゅうり
térong
テロン
なす
lobak
ろバッ(ク)
大根
sawi putih
サウィ プティ
白菜
bawang bombai
バワン　ボンバイ
たまねぎ
daun bawang
ダウん　バワン
長ねぎ
bawang putih
バワン　プティ
にんにく
cabé
チャベ
唐辛子
sawi hijau
サウィ ヒジョウ
なっぱ
sayur
サユール
野菜
nasi
ナシ
ご飯
bubur
ブブール
おかゆ
nasi goréng
ナシ　ゴレン
焼きめし
mie goréng
ミー　ゴレン
焼きそば
roti
ロティ
パン
mentéga
ムンテガ
バター

kéju ケジュ チーズ	telur トゥるール 卵	susu スス 牛乳	selé スれ ジャム
sup ス(プ) スープ	daging ダギン 肉	daging sapi ダギン　サピ 牛肉	daging babi ダギン　バビ 豚肉
daging ayam ダギン　アヤ(ム) 鶏肉	daging kambing ダギン　カ(ン)ビン 山羊の肉	ikan イカん 魚	udang ウダン エビ
kepiting クピティン カニ	cumi-cumi チュミ チュミ イカ	saté ayam サテ　アヤ(ム) 焼鳥	gado-gado ガド　ガド インドネシア風サラダ

*温野菜に甘辛いピーナッツソースをかけたサラダ。

kué
クエ
菓子

cokelat
チョクらッ(ト)
チョコレート

permén
プルメん
あめ

permén karét
プルメん カレッ(ト)
ガム

gula
グら
砂糖

garam
ガラ(ム)
塩

lada
らダ
こしょう

kécap
ケチャッ(プ)
ソース

kécap asin
ケチャッ(プ) アシん
しょうゆ

saus tomat
ソウス トマッ(ト)
ケチャップ

téh
テェ
お茶・紅茶

kopi
コピ
コーヒー

air jeruk, jus jeruk
アイル ジュルッ(ク),
ジュス ジュルック
オレンジジュース

bir
ビル
ビール

és batu
エス バトゥ
氷

air
アイル
水

ayah アヤ	**ibu** イブ	**kakak** カカッ(ク)	**adik** アディッ(ク)
 父	母	 兄，姉	 弟，妹
kakék カケッ(ク)	**nénék** ネネッ(ク)	**om, paman** オーム , パマん 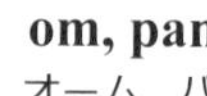	**tante, bibi** タンテ , ビビ
 祖父	 祖母	 おじさん	 おばさん
saudara sepupu ソウダラ　スププ	**keponakan** クポナカん 	**mertua** ムルトゥア	**menantu** ムナントゥ
 いとこ	 甥，姪	 義父母	 嫁，婿

cucu
チュチュ

孫

laki-laki
らキ らキ

男

perempuan
プル(ン)プアん

女

bayi
バイ

赤ちゃん

anak
アナッ(ク)

子供

anak laki-laki
アナッ(ク) らキらキ

男の子

anak perempuan
アナッ(ク) プル(ン)プアん

女の子

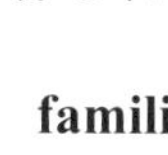

famili
ファミり

親せき

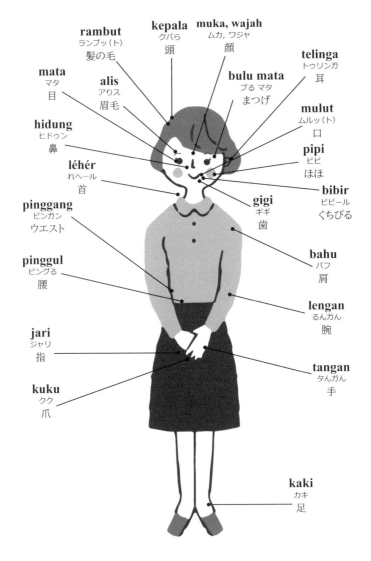

rambut ランブッ(ト) 髪の毛

kepala クパら 頭

muka, wajah ムカ，ワジャ 顔

telinga トゥリンガ 耳

mata マタ 目

alis アリス 眉毛

bulu mata ブる マタ まつげ

mulut ムルッ(ト) 口

hidung ヒドゥン 鼻

pipi ピピ ほほ

léhér れへール 首

bibir ビビール くちびる

gigi ギギ 歯

pinggang ピンガン ウエスト

bahu バフ 肩

pinggul ピングる 腰

lengan るんガん 腕

jari ジャリ 指

tangan タんガん 手

kuku クク 爪

kaki カキ 足

4 体につけるもの

Barang yang dipakai di badan

バラン　ヤン　ディパカイ ディ バダん

pakaian
パカイアん

服

baju tebal
バジュ トゥバる

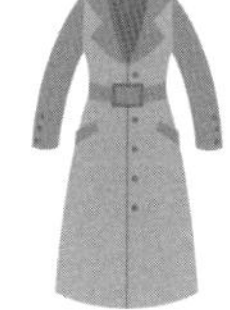

コート

baju setélan
バジュ ステらん

スーツ

topi
トピ

帽子

keméja
クメジャ

Y シャツ

blus
ブるス

ブラウス

dasi
ダスィ

ネクタイ

rok
ロッ（ク）

スカート

celana
チュらナ

ズボン

celana dalam
チュらナ ダら（ム）

パンツ

baju dalam
バジュ ダら（ム）

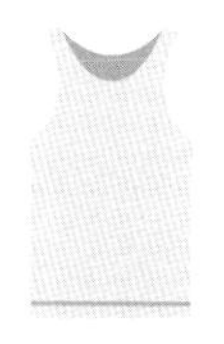

下着

kaus kaki
カウス カキ

靴下

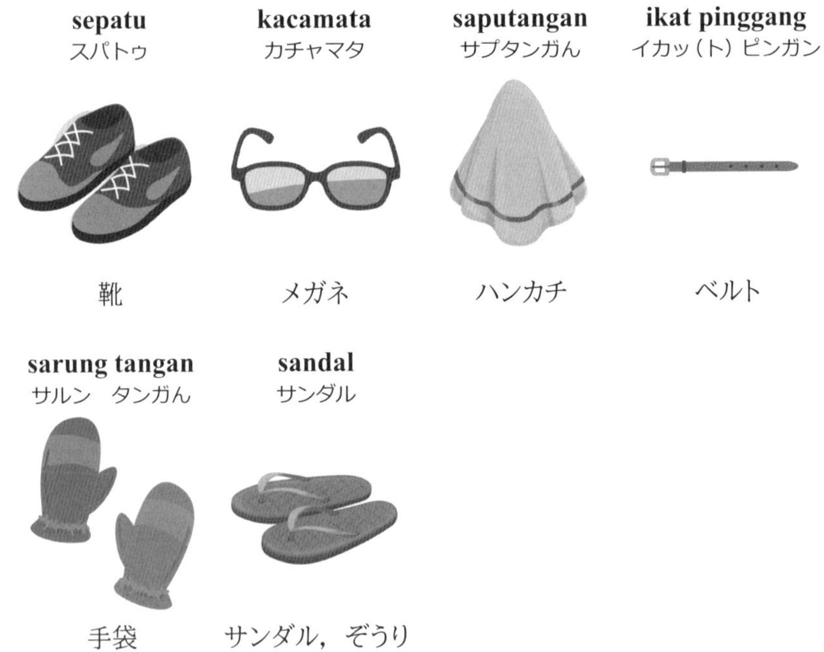

Sandal（サンダル，ぞうり）
サンダる

インドネシアの家は，ふつう床が石でできているので，家の中でもゴムぞうりをはいています。お風呂に入る時もゴムぞうりをはいたまま。野菜，果物，パン，焼鳥，水，灯油，お菓子，アイスクリームなどを売って歩く人々のほとんどはゴムぞうりをはいています。ですからインドネシアでは，日本で想像する以上にゴムぞうりが活躍しています。

5 乗りもの

Kendaraan

クンダラアん

kepal terbang, pesawat udara
カパる トゥルバン,
プサワット ウダラ

飛行機

mobil
モービる

自動車

keréta api
クレタ　アピ

汽車

keréta listrik
クレタりストゥリッ(ク)

電車

keréta di bawah tanah
クレタ ディ バワ タナ

地下鉄

bis, bus
ビス, ブス

バス

taksi
タクシー

タクシー

truck
トゥルッ(ク)

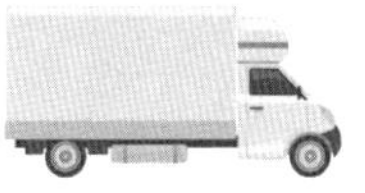

トラック

sepéda motor
スペダ　モートル

オートバイ

sepéda
スペダ

自転車

bécak
ベチャ

ベチャ

kapal laut
カパる らウ(ト)

船

6 部屋の中のもの

Barang yang ada di dalam kamar

バラン　ヤン　アダ　ディ　ダら（ム）カマール

télévisi テれフィシ

テレビ

radio ラディオ

ラジオ

vidéo フィデオ

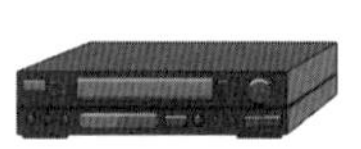

ビデオ

piano ピアノ

ピアノ

pintu ピントゥ

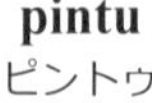

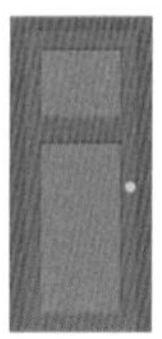

ドア

jendéla ジュンデら

窓

dinding ディンディン

壁

gordén ゴルデん

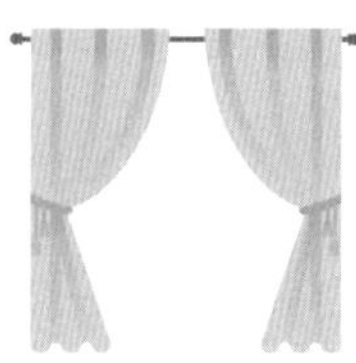

カーテン

méja メジャ

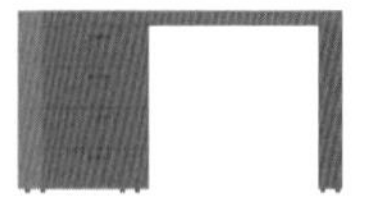

机

kursi クルスィ

いす

buku ブク

本

lemari buku るマリ　ブク

本棚，本箱

télépon テれポん	**jam, arloji** ジャ（ム），アーろジ	**tempat tidur** トゥ（ン）バッ（ト）ティドゥール	**lantai** らんタイ
電話	時計	ベット	床
langit-langit らンギッ（ト）らンギッ（ト）	**lemari** るマリ	**surat** スラッ（ト）	**rokok** ロコッ（ク）
天井	棚	手紙	タバコ
HP, ponsel ハーペー，ポンセる	**laci** らチ	**sofa** ソファ	**karpét** カルペッ（ト）
携帯電話	ひき出し	ソファ	じゅうたん

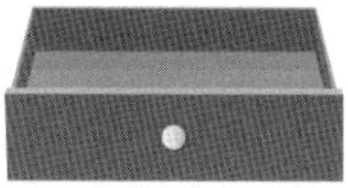

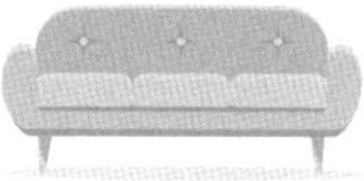

7 台所の中のもの

Barang yang ada di dapur
バラン　ヤン　アダ ディ ダプール

gelas
グラス

グラス，コップ

cangkir
チャンキール

コーヒーカップ，
ティーカップ

mangkuk
マンクッ(ク)

おわん，丼

séndok
センドッ(ク)

スプーン

garpu
ガルプ

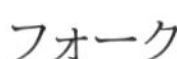

フォーク

pisau
ピソウ

ナイフ

sumpit
ス(ン)ピッ(ト)

はし

piring
ピリン

皿

panci
パンチ

なべ

korék api
コレッ(ク) アピ

マッチ

kulkas, lemari es
クるカス, るマリ エス

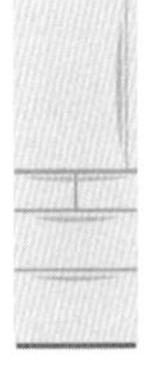

冷蔵庫

mesin cuci
ムスィん チュチ

洗たく機

8 教室の中のもの

Barang yang ada di ruang kelas

バラン　ヤン　アダ　ディ ルアン クらス

pulpén
プるぺん

ペン，万年筆

pénsil
ペンシる

えんぴつ

bolpoin
ボるポイん

ボールペン

buku tulis
ブク トゥリス

ノート

kertas
クルタス

紙

buku pelajaran
ブク　プらジャラん

教科書

kamus
カムス

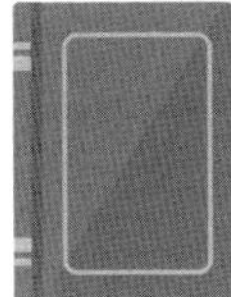

辞書

kapur tulis
カプール トゥりス

チョーク

penghapus
プンハプス

黒板消し

papan tulis
パぱん トゥりス

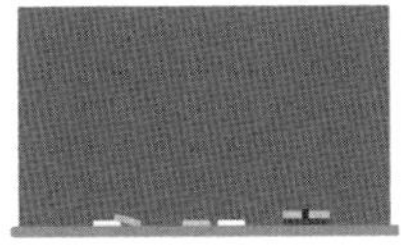

黒板

penggaris
プンガリス

定規

tempat sampah, tong sampah
トゥ(ン)パッ(ト)サンパ，
トン さんパ

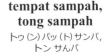

ごみ箱

家の中と外
Di dalam dan di luar rumah
ディ ダら(ム) ダん ディ るアール ルマ

rumah
ルマ

家

kamar
カマール

部屋

kamar makan
カマール マカん

食堂

kamar tamu
カマール タム

応接間

kamar tidur
カマール ティドゥール

寝室

kamar mandi
カマール マンディ

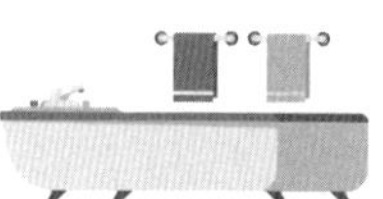

風呂場

kamar kecil, toilét
カマール クチる，トイレッ(ト)

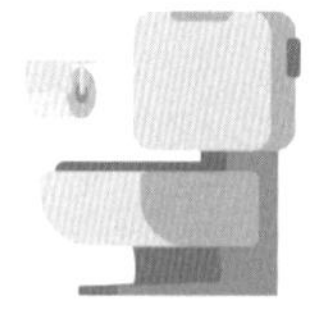

手洗い，トイレ

dapur
ダプール

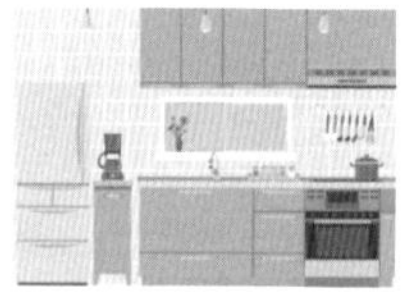

台所

tangga
タンガ

階段

kebun, halaman
クブん，ハらマん

庭

pagar
パガール

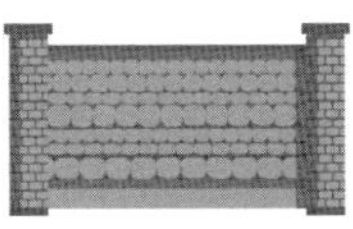

へい

pintu gerbang
ピントゥ グルバン

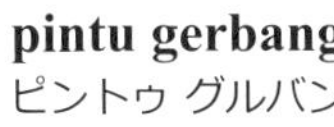

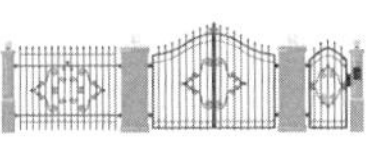

門

atap
アタップ

屋根

kolam
コら（ム）

池

garasi
ガラシ

ガレージ

beranda
ベらんダ

ベランダ

10 人々

Orang - orang

オラン　オラン

dokter

ドクトゥール

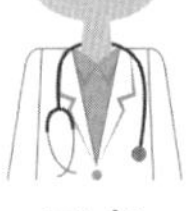
医者

perawat, suster
プラワッ(ト), ススト゚ゥール

看護師

guru
グル

先生

murid, siswa
ムリッ(ド), シスワ

生徒

mahasiswa
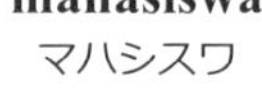
マハシスワ

大学生

petani
プタニ

農民

pedagang
プダガン

商人

tukang kayu
トゥカン カユ

大工

pegawai kantor
プガウェイ カントール

会社員

pegawai negeri
プガウェイ ヌグリ

公務員

karyawan
カルヤワん

労働者，勤労者

sékretaris
セクルタリス

秘書

présidén
プレシデん

大統領

menteri
ムントゥリ

大臣

polisi
ポりスィ

警察官

pembantu
プ(ン)バントゥ

お手伝い

koki
コキ

コック

supir
スピール

運転手

prajurit
プラジュリッ(ト)

軍人

nelayan
ヌらヤん

漁師

13
DL
11
動物
Binatang
ビナタン
anjing
アンジン
犬
kucing
クチン
ねこ
kuda
クダ
馬
sapi
サピ
牛
kambing
カ(ン)ビン
山羊
ayam
アヤ(ム)
鶏
babi
バビ
豚
monyét
モニェッ(ト)
さる
bébék
ベベッ(ク)
あひる
tikus
ティクス
ねずみ
kelinci
クリンチ
うさぎ
harimau
ハリマウ
トラ

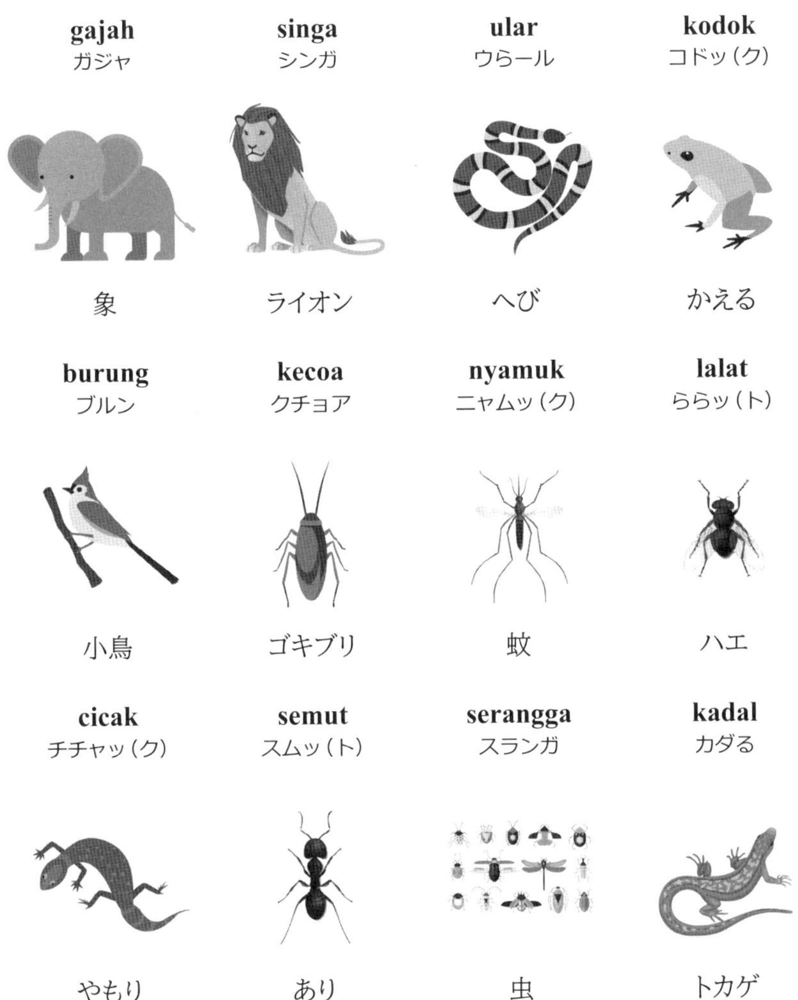

インドネシアのスマトラ島には，今なお野性の象とトラが生息しています。スマトラの森も例にもれず人間により切り倒され，野性動物は住む場所を失いつつあります。ある日，象がエサを求めて村に現れ，畑を荒しました。こらしめのために鎖で木にしばりつけておいたところ，夜中になにやらさわがしい。見ると，仲間の象が集まって，なんとか助けようとしていたそうです。最近の人間より情が厚いというお話。

12 植物
Tanaman
タナマん

bunga, kembang
ブンガ，クンバン 
花

rumput
ル(ン)プッ(ト) 
草

pohon
ポホン 
木

bunga mawar
ブンガ　マワール 
バラ

anggrék
アングレッ(ク) 
らん

bunga melati
ブンガ　ムらティ 
ジャスミンの花

cemara
チュマラ 
松

bunga sepatu
ブンガ スパトゥ 
ハイビスカス

flamboyan
フらんボヤん

bunga matahari
ブンガ　マタハリ

火炎樹

ひまわり

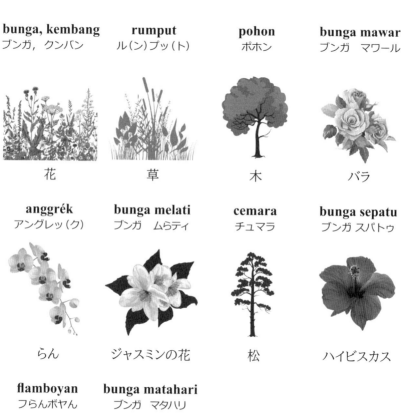

13 色
Warna
ワルナ

mérah メラ 赤	**putih** プティ 白	**hitam** ヒタ(ム) 黒	**kuning** クニン 黄
hijau ヒジョウ 緑	**cokelat** チョ(ク)らッ(ト) 茶	**biru** ビル 青	**ungu** ウング 紫
abu-abu アブ　アブ 灰色	**mérah muda** メラ　ムダ ピンク	**emas** ウマス 金	**pérak** ペラッ(ク) 銀
oranye オラニュ オレンジ色			

16 DL

14 数

Angka
アンカ

1	**2**	**3**	**4**	**5**
satu サトゥ	**dua** ドゥア	**tiga** ティガ	**empat** ウ(ン)パッ(ト)	**lima** りマ
6	**7**	**8**	**9**	**10**
enam ウナ(ム)	**tujuh** トゥジュ	**delapan** ドゥらパん	**sembilan** ス(ン)ビらん	**sepuluh** スプる
11	**12**	**13**	**14**	**15**
sebelas スブらス	**dua belas** ドゥアブらス	**tiga belas** ティガブらス	**empat belas** ウ(ン)パッ(ト)ブらス	**lima belas** りマブらス

16	**17**	**18**	**19**
enam belas ウナ(ム)ブらス	**tujuh belas** トゥジュブらス	**delapan belas** ドゥらパんブらス	**sembilan belas** ス(ン)ビらンブらス
20	**21**	**22**	**23**
dua puluh ドゥア プる	**dua puluh satu** ドゥア プる サトゥ	**dua puluh dua** ドゥア プる ドゥア	**dua puluh tiga** ドゥア プる ティガ
24	**25**	**26**	**27**
dua puluh empat ドゥアプるウ(ン)パッ(ト)	**dua puluh lima** ドゥア プる りマ	**dua puluh enam** ドゥア プる ウナ(ム)	**dua puluh tujuh** ドゥア プる トゥジュ
28	**29**	**30**	**40**
dua puluh delapan ドゥアプる ドゥらパん	**dua puluh sembilan** ドゥアプるス(ン)ビらん	**tiga puluh** ティガ プる	**empat puluh** ウ(ン)バッ(ト)プる

50	60	70	80
lima puluh りマ プる	**enam puluh** ウナ(ム) プる	**tujuh puluh** トゥジュ プる	**delapan puluh** ドゥらパん プる

90	100	200	300
sembilan puluh ス(ン)ビらん プる	**seratus** スラトゥス	**dua ratus** ドゥア ラトゥス	**tiga ratus** ティガ ラトゥス

400	456
empat ratus ウ(ン)バッ(ト)ラトゥス	**empat ratus lima puluh enam** ウ(ン)バッ(ト)ラトゥス りマプる ウナ(ム)

500	600	700
lima ratus りマ ラトゥス	**enam ratus** ウナ(ム)ラトゥス	**tujuh ratus** トゥジュ ラトゥス

800	900	1,000
delapan ratus ドゥらパん ラトゥス	**sembilan ratus** ス(ン)ビらん ラトゥス	**seribu** スリブ

2,000	10,000	20,000
dua ribu ドゥア リブ	**sepuluh ribu** スプる リブ	**dua puluh ribu** ドゥア プる リブ

100,000	1,000,000	10,000,000
seratus ribu スラトゥス リブ	**sejuta** スジュタ	**sepuluh juta** スプる ジュタ

100,000,000	1,000,000,000	1,000,000,000,000
seratus juta スラトゥス ジュタ	**satu miliar** サトゥ ミりヤール	**satu triliun** サトゥ トゥりりウん

曜日，月，方角

hari, bulan, arah

ハリ　ブらん　アラ

hari Minggu ハリ　ミング 日曜日	**hari Senin** ハリ　スニん 月曜日	**hari Selasa** ハリ　スらサ 火曜日	**hari Rabu** ハリ　ラブ 水曜日
hari Kamis ハリ　カミス 木曜日	**hari Jumat** ハリ ジュ(ム)アッ(ト) 金曜日	**hari Sabtu** ハリ　サ(ブ)トゥ 土曜日	
Januari ジャヌアリ 1月	**Fébruari** フェブルアリ 2月	**Maret** マルッ(ト) 3月	**April** アプリる 4月
Méi メイ 5月	**Juni** ジュニ 6月	**Juli** ジュり 7月	**Agustus** アグストゥス 8月
Séptémber セプテ(ン)ブル 9月	**Oktober** オクトーブル 10月	**Novémber** ノーフェ(ン)ブル 11月	**Désémber** デッセ(ン)ブル 12月

utara（北）から時計回りに読みます。

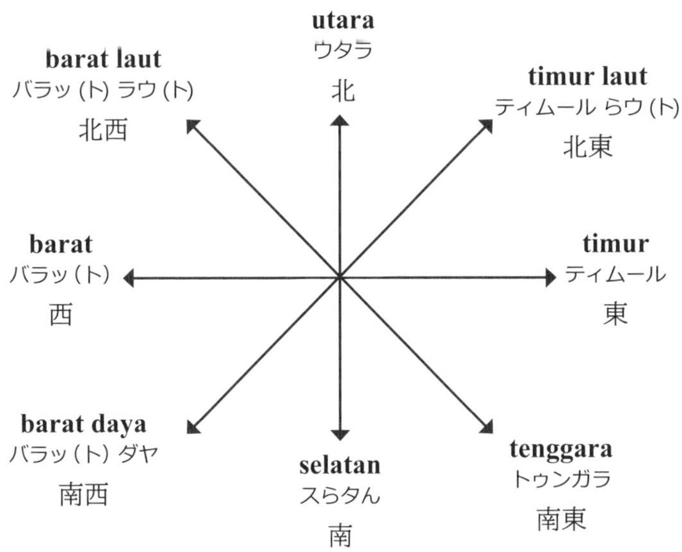

pagi	**siang**	**soré**	**malam**
パギ	シアン	ソレ	マら(ム)
朝	昼	夕	夜

kamarin dulu	**kemarin**	**hari ini**	**bésok**
クマリん ドゥる	クマリん	ハリ イニ	ベソッ(ク)
おととい	昨日	今日	明日

lusa
るサ

あさって

16 場所

Tempat
トゥ(ン)パッ(ト)

jalan
ジャらん

道

sekolah
スコら

学校

gedung
グドゥン

ビルディング，建物

stasiun
スタスィウん

駅

mesjid
ムスジッ(ド)

モスク

geréja
グレジャ
教会

candi, kuil
チャンディ, クイる
仏教寺院

toko
トコ

店

warung
ワルン

屋台

taman
タマん

公園

kebun binatang
クブん ビナタン

動物園

kebun raya
クブん ラヤ

植物園

bank バン(ク) 銀行	**kantor pos** カントール ポス 郵便局	**kantor polisi** カントール ポりスィ 警察署	**pos polisi** ポス ポりスィ 交番
rumah sakit ルマ サキッ(ト) 病院	**jembatan** ジュ(ン)バタん 橋	**kota** コタ 町，市	**désa** デサ 村
hutan フタん 森	**sungai** スンガイ 川	**gunung** グヌン 山	**bukit** ブキッ(ト) 丘
laut らウ(ト) 海	**danau** ダナウ 湖	**gurun pasir** グルん パシール 砂漠	**darat** ダラッ(ト) 陸

17 自然
Alam
アら（ム）

matahari マタハリ 太陽	**bumi** ブミ 地球	**bulan** ブらん 月	**bintang** ビンタン 星
langit らんギッ（ト） 空，天	**awan** アワん 雲	**salju** サるジュ 雪	**hujan** フジャん 雨
angin アんギん 風	**topan** トパん あらし	**pelangi** プらんギ 虹	
musim bunga, musim semi ムスィ（ム）ブんガ，ムスィ（ム）スミ 春	**musim panas** ムスィ（ム）パナス 夏	**musim gugur** ムスィ（ム）ググール 秋	**musim dingin** ムスィ（ム）ディんギん 冬

18

世界の国々

Negara di dunia
ヌガラ　ディ ドゥニア

Indonésia インドネシア インドネシア	Jepang ジュパン 日本	Singapura シンガプラ シンガポール	Thai タイ タイ
Filipina フィリピナ フィリピン	Malaysia マレーシア マレーシア	Koréa コレア 大韓民国	Belanda ブらんダ オランダ

Tingkok/Cina ティオンコッ（ク）／チナ 中国	Arab Saudi アラブ サウディ サウジアラビア	Amérika Serikat アメリカ スリカッ（ト） アメリカ合衆国
Rusia ルシア ロシア	Inggris イングリス イギリス	Prancis プランチス フランス

Jérman ジェルマん ドイツ	Spanyol スパニョーる スペイン	Kanada カナダ カナダ	Yunani ユナニ ギリシャ
Amérika Selatan アメリカ スらタん 南アメリカ	Asia アシア アジア	Éropa エロッパ ヨーロッパ	Afrika アフリカ アフリカ

III

文法と会話編

Pelajaran 1
これは本です。
指示代名詞

会話 21 DL

A: Apa itu?　　それは何ですか。
アパ　イトウ

B: **Ini buku.**　　これは本です。
イニ　ブク

A: Siapa ini?　　こちらは誰ですか。
シアパ　イニ

B: Itu guru.　　そちらは先生です。
イトウ　グル

ini（これ）**itu**（それ，あれ）**apa**（何）**siapa**（誰）

文法

インドネシア語の場合，英語の be 動詞の役割を果たす語は簡単な文章の中では使われません。また名詞に冠詞はつきません。

これは本です。
- Ini buku　**（インドネシア語）**
- This ***is a*** book.　**（英語）**

それは何ですか。
- Apa itu?　**（インドネシア語）**
- What ***is*** it?　**（英語）**

例文 22 DL

Apa ini?（これは何ですか）

Ini méja.（これは机です）

Ini kursi.（これはいすです）

Ini sekolah.（これは学校です）

Ini kantor.（これは事務所です）

Ini mobil.（これは自動車です）

Ini sepéda.（これは自転車です）

Apa itu?（それは何ですか）

Itu jam.（それは時計です）

Itu pénsil.（それはえんぴつです）

Itu rumah.（それは家です）

Itu kantor.（それは事務所です）

Itu anjing.（それは犬です）

Itu kucing.（それはねこです）

Siapa ini?（こちらは誰ですか）

Ini ibu.（こちらは母です）

Ini ayah.（こちらは父です）

Ini guru.（こちらは先生です）

Ini murid.（こちらは生徒です）

Ini pembantu.
（こちらはお手伝いです）

Ini supir.（こちらは運転手です）

Siapa itu?（そちらは誰ですか）

Itu adik.*（そちらは弟〔妹〕です）

Itu kakak.（そちらは兄〔姉〕です）

Itu laki-laki.
（そちらは男の人です）

Itu perempuan.
（そちらは女の人です）

Itu anak laki-laki.
（そちらは男の子です）

Itu anak perempuan.
（そちらは女の子です）

---

* インドネシア語には弟と妹，また兄と姉，男の子と女の子を区別して一語で表す語がありません。そのため，もし弟，妹というようにはっきり性別を示す場合は，年上のきょうだい，年下のきょうだい，子供という単語に男もしくは女という単語をつけ加えます。

kakak **（年上のきょうだい）**
kakak **laki-laki**「兄」
kakak **perempuan**「姉」

adik **（年下のきょうだい）**
adik **laki-laki**「弟」
adik **perempuan**「妹」

anak **（子供）**
anak **laki-laki**「男の子」
anak **perempuan**「女の子」

***laki-laki**「男」 **perempuan**「女」

問題

下記の日本語をインドネシア語に直し，文章にしなさい。

1. Apa ini?

   Ini ……（本，机，学校，自動車，時計，部屋，ランプ，棚，パン，かばん，犬）

2. Apa itu?

   Itu ……（紙，いす，事務所，企業，自転車，えんぴつ，ドア，蛍光灯，本棚，ご飯，ねこ，机）

3. Siapa ini?

   Ini ……（弟，姉，子供，父，先生，大学講師，お手伝いさん，男，警察官，女の子，運転手，生徒）

4. Siapa itu?

   Itu ……（妹，兄，男の子，母，生徒，大学生，運転手，女，子供，父，先生）

単語 23 DL

ini	「これ」	**itu**	「それ」
apa	「何」	**siapa**	「だれ」
buku	「本」	**kertas**	「紙」
méja	「机」	**kursi**	「いす」
sekolah	「学校」	**rumah**	「家」
kantor	「事務所，会社」	**perusahaan**	「企業」
mobil	「自動車」	**sepéda**	「自転車」
jam	「時計」	**pénsil**	「えんぴつ」
kamar	「部屋」	**pintu**	「ドア」
lampu	「ランプ」	**lampu listrik**	「蛍光灯」
lemari	「棚」	**lemari buku**	「本棚」
roti	「パン」	**nasi**	「ご飯」

tas	「かばん」		
anjing	「犬」	**kucing**	「ねこ」
adik	「弟，妹」	**kakak**	「兄，姉」
anak	「子供」		
ayah	「父」	**ibu**	「母」
guru	「先生」	**murid, siswa**	「生徒」
dosén	「大学講師」	**mahasiswa**	「大学生」
pembantu	「お手伝いさん」	**supir**	「運転手」
laki-laki	「男」	**perempuan**	「女」
polisi	「警察官」	**univérsitas**	「大学」

コーヒーブレイク

日本では「私が」と言って自分をさす時，鼻を指さしますが，インドネシアでは，手のひらを胸に軽く当てます。初めてインドネシアへ行った時，友だちの前でこれをやったら，「あなたは鼻ですか」と笑われてしまいました。皆さんも気をつけてください。

Pelajaran 2

お元気ですか。

あいさつ

〔会話〕 24 DL

A: **Apa kabar?**　お元気ですか。
アパ　カバール

B: Baik, terima kasih.　はい，おかげさまで元気です。
バイ(ク)　トゥリマ　カスイ

C: Hai, selamat pagi.　ハーイ，おはようございます。
ハイ　スラマッ(ト)　パギ

AB: Selamat pagi.　おはようございます。
スラマッ(ト)　パギ

C: Maaf, saya terlambat.　ごめんなさい。遅れてしまって。
マーフ　サヤ　トゥルら(ン)バッ(ト)

AB: Tidak apa-apa.　いいえ，かまいません。
ティダッ(ク)　アパアパ

◈ **あいさつの言い方** 

Apa kabar?	(お元気ですか)
Bagaimana kabar Anda?	(いかがお過ごしですか)
Baik, terima kasih.	(はい，おかげさまで元気です)
Baik-baik saja.	(はい，おかげさまで) 〔会話的〕

◈ **お礼の言い方**

Terima kasih.	(ありがとうございます)
Terima kasih banyak.	(たいへんありがとうございます)
Terima kasih kembali.	(どういたしまして) 〔丁寧〕

Kembali.　（どういたしまして）〔会話的〕
Sama-sama.　（どういたしまして）〔会話的〕

◈ 謝まる言い方

Minta maaf.　（ごめんなさい）〔丁寧〕
Maaf.　（すみません）〔会話的〕
Tidak apa-apa.　（いいえ，かまいません）

◈ その他の挨拶

Selamat pagi.　（おはようございます）
Selamat siang.　（こんにちは）〔15: 00 ぐらいまで〕
Selamat soré.　（こんにちは）
〔15：00 ぐらいから暗くなるまで〕
Selamat malam.　（こんばんは）
Selamat tidur.　（おやすみなさい）
Selamat makan.　（おいしく食べてください）
〔食事してる人に対し， 食事していない人が〕
Selamat bekerja.　（お仕事がんばってください）
Selamat datang.　（ようこそ，いらっしゃいました）
Selamat jalan.　（さようなら）
〔そこに留まる人が出かける人に対し〕
Selamat tinggal.　（さようなら）
〔出かける人が，そこに留まる人に対し〕
Selamat Tahun Baru.　（新年おめでとうございます）
Selamat Ulang Tahun.　（お誕生日おめでとうございます）
Selamat Menempuh Hidup Baru.（ご結婚おめでとうございます）
Selamat.　（おめでとうございます）
Sampai jumpa lagi.　（また会いましょう）
Da-dah.　（バイバイ）

問題

（　　　）の中に適当な文章を入れなさい。

1. **Ali**　: Apa kabar, Émma?
   Émma : (　　　　　　　　　　　　).
2. **Ali**　: Minta maaf.
   Émma : (　　　　　　　　　　　　).
3. **Ali**　: (　　　　　　　　　　　　).
   Émma : Kembali.
4. **Ali**　: (　　　　　　　　　　　　).
   Émma : Selamat siang.

単語 26 DL

terlambat	「遅れる」	**baru**	「新しい」
pagi	「朝」	**siang**	「昼」
soré	「夕方」	**malam**	「夜」
jalan	「道」	**tahun**	「年」
hidup	「生活，生きる」		
tidur	「寝る」	**makan**	「食べる」
bekerja	「働く」	**datang**	「来る」
tinggal	「住む」	**ulang**	「くり返す」
menempuh	「突撃する，勢いをつけて入る」		
jumpa	「会う」		

Pelajaran 3

これは本ではなく机です。

名詞の不定詞*

〔会話〕 27 DL

A: **Ini bukan buku, tetapi méja.** これは本ではなく，机です。
イニ ブカん ブク トゥタピ メジャ

B: Itu bukan méja, tetapi kursi. それは机ではなく，いすです。
イトゥ ブカん メジャ トゥタピ クルスイ

tetapi「しかし」

〔文法〕

bukan は名詞を否定する否定詞。

bukan の後ろにつく単語は動詞や形容詞ではなく名詞。

例 Itu **bukan** anjing.（それは犬ではありません）
名詞

* 形容詞・動詞の否定詞については第 6 課で説明。

〔例文〕 28 DL

Apa ini?（これは何ですか）

Ini *bukan* anjing, tetapi kucing.（これは犬ではなく，ねこです）

Ini *bukan* sekolah, tetapi rumah.（これは学校ではなく，家です）

Ini *bukan* jam, tetapi pénsil.（これは時計ではなく，えんぴつです）

Apa itu?（それは何ですか）

Itu *bukan* roti, tetapi nasi.（それはパンではなく，ご飯です）

Itu *bukan* tas, tetapi jam.（それはかばんではなく，時計です）

Itu *bukan* kamar, tetapi kantor.（それは部屋ではなく，事務所です）

Siapa ini?（こちらは誰ですか）

Ini *bukan* laki-laki, tetapi perempuan.
（こちらは男の人ではなく，女の人です）

Ini *bukan* ibu, tetapi ayah.（こちらは母ではなく，父です）

Ini *bukan* guru, tetapi murid.（こちらは先生ではなく，生徒です）

Siapa itu?（そちらは誰ですか）

Itu *bukan* mahasiswa, tetapi dosén.
（そちらは大学生ではなく，大学講師です）

Itu *bukan* pembantu, tetapi supir.
（そちらはお手伝いではなく，運転手です）

Itu *bukan* kakak, tetapi adik.
（そちらは兄〔姉〕ではなく，弟〔妹〕です）

問 題

下線部にインドネシア語の単語を入れなさい。

1. Ini __________ air, tetapi __________（牛乳）.
2. Itu bukan __________（木）, __________batu.
3. Ini __________ Émma, tetapi __________（先生）.
4. Itu bukan __________（屋根）, __________ jendéla.
5. Ini __________ bénsin, tetapi __________（水）.
6. Itu bukan __________（教会）, tetapi __________（モスク）.
7. Ini bukan __________（窓）, __________ pintu.
8. Itu __________ anjing, tetapi __________（馬）.
9. Ini bukan __________（かぎ）, __________ tanah.
10. Itu bukan __________（バター）, tetapi __________（チーズ）.
11. Ini __________ kebun, tetapi __________（へい）.
12. Itu bukan __________（グラス）, __________ kaca.
13. Ini __________ warung, tetapi __________（店）.

29 DL

susu	「牛乳」	**air**	「水」
mesjid	「モスク」	**geréja**	「教会」
candi, kuil	「(仏教)寺院」		
batu	「石」	**pohon**	「木」
jendéla	「窓」		
kaca	「ガラス板」	**gelas**	「グラス，コップ」
pagar	「へい」	**atap**	「屋根」
kebun, halaman	「庭」	**tanah**	「土，土地」
mentéga	「バター」	**kéju**	「チーズ」
warung	「屋台」	**toko**	「店」
kuda	「馬」	**kunci**	「かぎ」
tetapi	「しかし」	**dan**	「そして，～と～」
atau	「もしくは」	**bénsin**	「ガソリン」
bukan	名詞の否定詞		

コーヒーブレイク

インドネシア人は少なくても朝と夕方の 2 回 mandi（水浴び）をします。日本に冬来ても彼らは朝 mandi をするほど習慣づけられているのです。私が「朝は mandi をしない」と言ったら，友人に“Aduh, bau.”（あー臭い）と言われてしまいました。

Pelajaran 4

私はパンを食べます。

人称代名詞

会話 30 DL

A: **Saya makan roti.** 私はパンを食べます。
サヤ マカん ロティ

B: Anda makan roti, tetapi あなたはパンを食べますが,
アンダ マカん ロティ トゥタピ

dia makan nasi. 彼はご飯を食べます。
ディア マカん ナシ

文法 [人称代名詞]

	単数形		複数形	
一人称	**saya**	私	**kami**	私たち(話し相手を含まない) ❸
	aku	僕, あたし❶	**kita**	私たち(話し相手を含む) ❹
二人称	**Anda**	あなた	**Anda sekalian**	あなた方
	kamu	おまえ❷	kalian	おまえたち
	Saudara	君	Saudara-saudara	諸君, 君たち
	Tuan	あなた(Mr. の意)	Tuan-tuan	皆様(tuan の複数形)
	Nyonya	あなた(Mrs. の意)	Nyonya-nyonya	皆様(nyonyaの複数形)
	Nona	あなた(Miss の意)	Nona-nona	皆様(nona の複数形)
	Bapak	あなた(年上か位の高い男性に対し)	Bapak-bapak	皆様(bapakの複数形)
	Ibu	あなた(年上か位の高い女性に対し)	Ibu-ibu	皆様(ibu の複数形)
三人称	**dia**	彼, 彼女	**meréka**	彼ら, 彼女ら
	ia	彼, 彼女		
	beliau	あの方(偉い人に対し)		

☞二人称には英語の "you" のようにはっきりしたものが今まではなく，普通は相手の年齢や職業，地位などで使い分けられていますが，最近テレビ，新聞及び大学など公共の場では **Anda** を英語の "you" に当たる言葉として使うようになってきました。**Bapak** はインドネシア人男性に対し，**Tuan** は外国人男性に対し使うことが多いようです。

---

❶❷ 同等もしくはそれ以下の人と話す場合に使い，少し乱暴な言い方。

❸「私たち日本人は……」というように，日本人として外国人に話しかける時は，話し相手の外国人を含まないわけですから kami を使います。

❹「私たち人類は……」というように，日本人も話し相手の外国人も同じ人類なので，このように相手を含む場合に kita を使います。

例文 31 DL

Saya minum kopi.　（私はコーヒーを飲みます）
Anda mandi.　（あなたはお風呂に入ります）
Tuan pintar.　（あなたは〔**男性に対し**〕頭がよいです）
Kamu tinggal di Tokyo.　（おまえは東京に住んでいます）
Dia datang.　（彼は来ます）
Beliau masuk.　（あの方は入ります）
Kami duduk.　（私たちは〔**相手を含まない**〕座ります）
Kita makan nasi.　（私たちは〔**相手を含む**〕ご飯を食べます）
Anda sekalian pergi.　（あなた方は行きます）
Kalian pulang.　（おまえたちは帰る）
Meréka tidur.　（彼らは寝ます）

問題

右側の a. ～ n. の中から適当な単語を選んで文章にしなさい。

1. Saya ________（勤勉な）.	a. kaya
2. Kamu ________（頭のよい）.	b. bodoh
3. ________（君）malas.	c. tinggi
4. Tuan ________（頭の悪い）.	d. kecil
5. Nyonya ________（小さい）.	e. rajin
6. Nona ________（背が低い）.	f. pintar
7. Bapak ________（背が高い）.	g. berat
8. Ibu ________（重い）.	h. pergi
9. ________（彼）ringan.	i. Saudara
10. Kami ________（貧しい）.	j. péndék
11. Kita ________（行く）.	k. dia
12. ________（あの方）datang.	l. beliau
13. ________（彼ら）mandi.	m. miskin
14. Anda ________（金持ちの）.	n. meréka

単語 32 DL

banyak	「多い」	**sedikit**	「少ない」
besar	「大きい」	**kecil**	「小さい」
berat	「重い」	**ringan**	「軽い」
pintar	「頭のよい」	**bodoh**	「ばかな，頭の悪い」
rajin	「勤勉な，まじめな」	**malas**	「怠惰な」
tinggi	「高い（高さが）」	**rendah**	「低い」
mahal	「高い（値段が）」	**murah**	「安い」
dekat	「近い」	**jauh**	「遠い」
mudah	「容易な，簡単な」	**sukar, susah**	「難しい，困難な」
panjang	「長い（長さが）」	**péndék**	「短い，背が低い」

kuat	「強い」	**lemah**	「弱い」
gelap	「暗い」	**terang**	「明るい」
kaya	「金持ちの」	**miskin**	「貧しい」
panas	「暑い，熱い」	**dingin**	「寒い，冷たい」
bagus	「よい」❶	**jelék**	「悪い」❸
baik	「よい」❷	**buruk**	「悪い」❹
bersih	「清潔な」	**kotor**	「きたない」
kosong	「からの」	**penuh**	「いっぱいの」
kiri	「左の」	**kanan**	「右の」
muda	「若い」	**tua**	「年とった」
baru	「新しい」	**lama, tua**	「古い」
pergi	「行く」	**minum**	「飲む」
masuk	「入る」	**keluar**	「出る」
duduk	「座る」	**berdiri**	「立つ」
bangun	「起きる」	**pulang**	「帰る」
mandi	「お風呂に入る」		

❶ 目に見えるものがよい場合に使われます。例 服，色など。
❷ 目に見えないものがよい場合に使われます。例 人の性格，景気など。
❸ 目に見えるものが悪い場合に使われます。
❹ 目に見えないものが悪い場合に使われます。

コーヒーブレイク

インドネシアでは「左手は不争の手」と言われています，インドネシアの人々は以前は用をたしたあと，トイレットペーパーを使わず，水と左手できれいに洗い流しました。ですから，人に物を渡したりする時は，失礼にならないよう必ず右手を使いましょう。

Pelajaran 5
私はインドネシアに行きます。
場所を示す前置詞

〔会 話〕 33 DL

A:	**Saya pergi ke Indonésia.** サヤ プルギ ク インドネシア	私はインドネシアへ行きます。
B:	O, ya? Saya datang dari オウ ヤァ サヤ ダタン ダリ Indonésia, dan sekarang インドネシア ダん スカラン tinggal di Tokyo. ティンガる ディ トウキョウ	ああ，そうですか。私はインドネシアから来ました。そして今，東京に住んでいます。

〔文 法〕

場所を示す主要な前置詞は 3 種類あります。

di	「～で，～に」	Saya tinggal *di* Tokyo. （私は東京に住んでいます）
ke	「～へ」	Saya pergi *ke* toko. （私は店へ行きます）
dari	「～から」	Saya datang *dari* rumah. （私は家から来ます）

これに下記の前置詞や副詞を組み合わせることができます。

dalam	「中」	例	di dalam	「中に」
luar	「外」		ke dalam	「中へ」
atas	「上」		dari dalam	「中から」

bawah	「下」	di depan	「前で」
depan	「前」	ke depan	「前へ」
belakang	「後」	dari depan	「前から」
antara	「間」	di antara	「間で」
sebelah	「横，側」	ke sebelah	「横へ」
dekat	「近く」	dari dekat	「近くから」
tengah	「中央，真ん中」	di tengah	「真ん中で」
sini	「ここ」	di sini	「ここで」
situ	「そこ」	dari situ	「そこから」
sana	「あそこ」	ke sana	「あそこへ」

Saya masuk *ke dalam* rumah.（私は家の中へ入ります）
Adik datang *dari luar* kamar.（弟〔妹〕は部屋の外から来ます）
Kucing tidur *di atas* atap.（ねこは屋根の上で寝ます）
Anjing makan *di bawah* meja.（犬は机の下で食べます）
Kakak minum kopi *di depan* saya.（兄〔姉〕は私の前でコーヒーを飲みます）
Ayah pergi *ke belakang* rumah.（父は家のうらへ行きます）
Anak duduk *di antara* ayah dan ibu.（子供は父親と母親の間に座ります）
Ibu pergi *ke sebelah* kiri.（母は左側へ行きます）
Dia tinggal *di dekat* rumah saya.（彼は私の家の近くに住んでいます）

問題

I. 下線の部分に di, ke, dari のいずれかを入れなさい。

1. Saya tinggal ________ luar Tokyo.
2. Dia tidur ________ bawah pohon.
3. Kamu pergi ________ belakang pasar.
4. Supir minum téh ________ depan saya.
5. Aku masuk ________ dalam kamar.
6. Om makan ________ atas méja.
7. Adik duduk ________ antara kakak dan anjing.
8. Polisi datang ________ kantor polisi.
9. Meréka pulang ________ rumah.
10. Tante mandi ________ sana.

II. 次の文を読んで日本語に訳しなさい。

Kamar saya

Kamar saya ada di belakang kamar ibu saya. Kamar ini kecil tetapi terang. Jendéla kamar saya besar. Di sebelah kiri ada tempat tidur, dan di sebelah kanan ada méja dan kursi. Di atas méja ada buku dan kunci. Kucing saya tidur di bawah kursi. Ada uang di dalam lemari. Tante Rini masuk ke kamar saya.

kopi	「コーヒー」	**téh**	「お茶，紅茶」
tante	「おばさん」	**om**	「おじさん」
bibi	「おばさん」	**paman**	「おじさん」
séndok	「スプーン」	**garpu**	「フォーク」
pisau	「ナイフ」	**sumpit**	「はし」
piring	「皿」	**cangkir**	「コーヒーカップ」
mangkok, mangkuk	「おわん，茶わん」		
pasar	「市場」	**uang, duit**	「お金」
désa	「村」	**kota**	「町，市」
kampung	「田舎，スラム街」		
surat	「手紙」	**surat kabar, koran**	「新聞」
tempat	「場所」	**tempat tidur**	「ベッド」
ada	「いる，ある」		
dalam	「中」	**luar**	「外」
atas	「上」	**bawah**	「下」
depan	「前」	**belakang**	「後」
antara	「間」	**sebelah**	「横，側」
tengah	「中央，真ん中」		
sini	「ここ」	**situ**	「そこ」
sana	「あそこ」		

Pelajaran 6

私はビールを飲みません。

動詞・形容詞の否定詞

〔会話〕 37 DL

A: **Saya tidak minum bir,**
サヤ ティダッ(ク) ミヌ(ム) ビル
tetapi saya minum wiski.
トゥタピ サヤ ミヌ(ム) ウイスキー

私はビールは飲みませんが,
ウイスキーを飲みます。

B: Saya tidak suka bir dan
サヤ ティダッ(ク) スカ ビル ダん
wiski.
ウイスキー

私はビールもウイスキーも好きではありません。

〔文法〕

◈ **tidak**

tidak は動詞および形容詞を否定する否定詞

tidak の後ろには動詞か形容詞がきます。

例 Saya **tidak** makan nasi.（私はご飯を食べません）
（makan: 動詞）

Dia **tidak** bodoh.（彼は頭が悪くありません）
（bodoh: 形容詞）

◈ **bukan**

(1) bukan は名詞を否定する否定詞

例 Meréka **bukan** orang Indonésia.
（orang Indonésia: 名詞）

（彼らはインドネシア人ではありません）

⑵ 付加疑問詞

例 Anda pergi ke Bali, **bukan**?
（あなたはバリへ行きますね）

Anda *tidak* pergi ke Bali, **bukan**?
（あなたはバリへ行きませんね）

Anda *bukan* orang Indonésia, **bukan**?
（あなたはインドネシア人ではありませんね）

☞例からわかるように，その文が肯定文でも否定文でも，付加疑問詞の形は変わらず **bukan** になります。

◈ tanpa

tanpa は「～なしに」という否定の意味で，後ろには名詞，動詞のいずれがついてもかまいません。

例 Paman minum téh **tanpa** gula.
（おじさんは砂糖なしでお茶を飲みます）

Dia pergi **tanpa** memberi salam.（彼はあいさつなく行きます）

例文 38 DL

Saya *tidak* bangun pagi-pagi.（私は朝早く起きません）
Dia *tidak* makan ikan.（彼は魚を食べません）
Ibu *tidak* mendengar radio.（母はラジオを聞きません）
Aku *tidak* pintar berbahasa Inggris.
（僕は英語がじょうずではありません）
Kakak laki-laki saya *tidak* tinggi.（私の兄は背が高くありません）
Tante *bukan* guru.（おばさんは先生ではありません）
Om *tidak* suka anjing, *bukan*?
（おじさんは犬が好きではありませんね）
Dia *bukan* polisi, *bukan*?（彼は警察官ではありませんね）
Ibu pergi ke pasar *tanpa* ayah.（母は父を連れずに市場へ行きます）

問題

I. 下線の部分に tidak, bukan, tanpa のいずれかを入れなさい。

1. Pembantu ________ laki-laki, tetapi perempuan.
2. Émma ________ menonton télévisi di rumah.
3. Murid ________ belajar bahasa Inggris.
4. Adik laki-laki ________ malas membantu ayah.
5. Kakak perempuan ________ orang Indonésia.
6. Ali ________ suka minum kopi.
7. Dia naik keréta api ________ karcis.
8. Ayah ________ masuk kantor, karena ia tidur.
9. Ia makan daging sapi, ________?
10. Saya ________ membaca koran ________ kacamata.
11. Ibu pergi ke toko ________ payung.
12. Paman ________ berbicara bahasa Jepang.
13. Ayah saya ________ polisi, tetapi supir.
14. Dia ________ bekerja di kantor, ________?
15. Kamarnya ________ kotor, tetapi bersih.
16. Di dalam kamar dia ________ belajar.
17. Saya makan daging ayam ________ séndok dan garpu.
18. Amin ________ melihat mobil di jalan.
19. Teman ________ menulis surat ________ kamus.
20. Joko ________ berenang di kolam.
21. Dia memakai sepatu ________ kaus kaki.
22. Mahasiswa ________ mencuci pakaian.
23. Itu ________ keméja, tetapi celana.

II. 次の文を読んで日本語に訳しなさい。

Kakak laki-laki saya

Kakak laki-laki saya bekerja di perusahaan Jepang. Rachmad, kakak saya, suka makan daging sapi, daging ayam dan daging kambing. Dia tidak suka minum bir dan wiski, tetapi suka kopi. Teman kakak saya dan istrinya datang, dan meréka berbicara di kamar depan karena kamar kakak saya gelap.

単語　40 DL

bir	「ビール」	**wiski**	「ウイスキー」
ikan	「魚」	**daging**	「肉」
daging sapi	「牛肉」	**daging ayam**	「鶏肉」
daging babi	「豚肉」	**daging kambing**	「山羊肉」
radio	「ラジオ」	**télévisi, TV**	「テレビ」
kacamata	「めがね」	**karcis**	「切符」
suami	「夫」	**istri**	「妻」
kamus	「辞書」	**kolam**	「池，プール」
sepatu	「靴」	**kaus kaki**	「靴下」
pakaian	「服」	**baju**	「服」
keméja	「シャツ」	**celana**	「ズボン」
teman, kawan	「友だち」	**salam**	「あいさつ」
payung	「傘」	**Inggris**	「イギリス」
keréta api	「汽車」		
suka	「好き」	**naik**	「乗る，登る」
belajar	「勉強する」	**berbicara**	「話す」
berenang	「泳ぐ」	**membaca (baca)**	「読む」
melihat (lihat)	「見る」	**menonton (tonton)**	「見る（じっと）」

mendengar (dengar)	「聞く」	**mencuci (cuci)**	「洗う」
memberi (beri)	「与える」	**menulis (tulis)**	「書く」
membantu (bantu)	「手伝う」	**memakai (pakai)**	「着る，使う」
karena	「〜ので，なぜなら」		

Pelajaran 7

彼は東京へ行きますか。

疑問詞のつかない疑問文

会話 

A: **Apakah dia pergi ke Tokyo?** アパカ ディア プルギ ク トウキョウ	彼は東京へ行きますか。
B: Ya, dia pergi ke Tokyo. ヤァ ディア プルギ ク トウキョウ	はい，彼は東京へ行きます。
A: Apakah Anda datang dari Amérika? アパカ アンダ ダタン ダリ アメリカ	あなたはアメリカから来ましたか。
B: Tidak, saya tidak datang dari Amérika. Saya datang dari Indonésia. ティダッ(ク) サヤ ティダッ(ク) ダタン ダリ アメリカ サヤ ダタン ダリ インドネシア	いいえ，私はアメリカから来ません。私はインドネシアから来ました。

文法

☞疑問詞のつかない疑問文は英語では *Do* you ～?，*Does* he ～?のようにDo，Doesなどで始まりますが，インドネシア語では主語が一人称，二人称，三人称もしくは単数，複数に関係なく **Apakah** で始まります。

例 **Apakah** Anda makan roti?（あなたはパンを食べますか）

☞疑問詞のつかない疑問文は主に下記の 3 種類に分けられます。

例 **Apakah** Anda minum kopi?

◇文頭に Apakah を使います。

Apa Anda minum kopi?

◇文頭に Apa を使います。

Anda minum kopi?（あなたはコーヒーを飲みますか）

◇平叙文で文末を⤴に発音します。

☞ Apa を使うと疑問詞の apa と間違えやすいですし，平叙文の形だと会話的になるので Apakah を使うのが最も適当です。

◈ 疑問文の答えが肯定文の場合

Apakah dia pergi ke Indonésia?（彼はインドネシアへ行きますか）

Ya, dia pergi ke Indonésia.（はい，彼はインドネシアへ行きます）

Apakah dia orang Jepang?（彼は日本人ですか）

Ya, dia orang Jepang.（はい，彼は日本人です）

◈ 疑問文の答えが否定文の場合

Apakah dia pergi ke Indonésia?（彼はインドネシアへ行きますか）

Tidak, dia **tidak** pergi ke Indonésia.

（いいえ，彼はインドネシアへ行きません）

Dia pergi ke Amérika.（彼はアメリカへ行きます）

Apakah dia orang Jepang?（彼は日本人ですか）

Bukan, dia **bukan** orang Jepang.

（いいえ，彼は日本人ではありません）

Apakah Anda tinggal di Jakarta?
（あなたはジャカルタに住んでいますか）

肯定 Ya saya tinggal di Jakarta.
（はい，私はジャカルタに住んでいます）

否定 Tidak, saya tidak tinggal di Jakarta. 〔動詞の否定〕
（いいえ，私はジャカルタに住んでいません）

Apakah dia pintar?（彼は頭がよいですか）

肯定 Ya, dia pintar.（はい，彼は頭がよいです）

否定 Tidak, dia tidak pintar.（いいえ，彼は頭がよくありません）
〔形容詞の否定〕

Apakah meréka orang Jepang?（彼らは日本人ですか）

肯定 Ya, meréka orang Jepang.（はい，彼らは日本人です）

否定 Bukan, meréka bukan orang Jepang.
（いいえ，彼らは日本人ではありません）〔名詞の否定〕

☞インドネシア語は，否定形疑問文の場合，日本語と同じ要領で答えが肯定ならば **tidak** もしくは **bukan**，否定ならば **ya** を使います。

Apakah dia **tidak** makan siang?（彼は昼ご飯を食べないのですか）

肯定 Tidak, dia makan siang.（いいえ，彼は昼ご飯を食べます）

否定 Ya, dia tidak makan siang.（はい，彼は昼ご飯を食べません）

問題

I. 次の問いに答えなさい。

1. Apakah Anda datang dari rumah?
2. Apakah Anda duduk di méja?
3. Apakah Anda makan nasi?
4. Apakah Anda mandi?
5. Apakah Anda minum bir?
6. Apakah Anda pergi ke Indonésia?
7. Apakah Anda tidur?
8. Apakah Anda tinggal di Tokyo?
9. Apakah Anda pintar berbahasa Indonésia?
10. Apakah Anda orang Indonésia?

II. 次の文を読んで日本語に訳しなさい。

Orang asing di Jepang

Di Jepang ada orang Indonésia, Amérika, Inggris, Prancis, Jérman, Koréa, Tiongkok dsb..
Meréka belajar di sekolah atau bekerja di kantor.
Apakah ada orang asing di dekat rumah Anda?
Orang Belanda tinggal di depan rumah saya. Dia putih dan tinggi.
Dan suka datang dan menonton TV di rumah saya.

bahasa	「言語」	**orang**	「人」
negeri	「国」	**negara**	「国家」
bahasa Indonésia	「インドネシア語」	**orang Indonésia**	「インドネシア人」
asing	「外国の」	**orang asing**	「外国人」
Jepang	「日本」	**Amérika**	「アメリカ」
Inggris	「イギリス」	**Prancis**	「フランス」
Jérman	「ドイツ」	**Spanyol**	「スペイン」
Kanada	「カナダ」	**Belanda**	「オランダ」
Yunani	「ギリシャ」	**Koréa**	「大韓民国」
Tiongkok, Cina	「中国」	**Arab Saudi**	「サウジアラビア」
Rusia	「ロシア」	**Mesir**	「エジプト」
Singapura	「シンガポール」	**Thai**	「タイ」
Filipina	「フィリピン」	**Malaysia**	「マレーシア」
Éropa	「ヨーロッパ」	**Asia**	「アジア」
mérah	「赤い」	**putih**	「白い」
hitam	「黒い」	**hijau**	「緑色の」
biru	「青い」	**kuning**	「黄色い」
cokelat	「茶色い」	**ungu**	「紫の」
abu-abu	「灰色の」	**oranye**	「オレンジ色の」
warna	「色」	**dsb.** **(dan sebagainya)**	「等々」

Pelajaran 8
私の父の白い犬は大きい。
限定形容詞・所有格

会話 45 DL

A:	**Anjing** アンジン	**putih** プティ	**ayah** アヤ	**saya** サヤ	**besar.** ブサール	私の父の白い犬は大きいです。
B:	Anjing アンジン	saya サヤ	kecil クチる	dan ダん	hitam. ヒタ(ム)	私の犬は小さくて黒いです。

文法

◆ **限定形容詞・所有格**

「白い犬」,「私の犬」というように限定形容詞や所有格を表わす場合は,anjing(犬) **putih**(白い), anjing(犬) **saya**(私の) のように形容詞や代名詞を名詞の後ろにつけます。

また形容詞と代名詞を同時に使う時は代名詞を一番後ろに置きます。

例 rumah(名詞) besar(形容詞) **saya**(人称)(私の大きな家)

注 Rumah **saya** besar.(私の家は大きい)

aku(僕,あたし)は **ku** と略し,名詞の後ろにつけて書きます。

rumahku「僕の家」

kamu(おまえ)は **mu** と略し,名詞の後ろにつけて書きます。

rumahmu「おまえの家」

dia, ia(彼,彼女)は **nya** になり,名詞の後ろにつけて書きます。

rumahnya「彼(彼女)の家」

◈ 例外

下記の語の場合は名詞の前につけます。

banyak murid「多くの生徒」
多くの

seluruh dunia「全世界」
全

sedikit orang 「少しの人」
少しの

para anggota「会員たち」
〜たち

semua rumah 「全部の家」
全部の

◈ dengan〜 ： 〜と一緒に， 〜で

Saya pergi ke sekolah **dengan** teman saya.
（私は私の友達と学校へ行きます）

Saya makan daging **dengan** garpu dan pisau.
（私はフォークとナイフで肉を食べます）

Saya pergi **dengan** mobil.
（私は自動車で行きます）

Kita pulang ke Tokyo **dengan** keréta api.
（私たちは列車で東京へ帰ります）

例文 46 DL

ibu *saya*「私の母」
kamar*nya*「彼（彼女）の部屋」
jam *Anda*「あなたの時計」
kursi *mahal*「（値段の）高いいす」
toko *besar*「大きい店」
rumah *kecil itu*「その小さな家」
tas *mérah saya*「私の赤いかばん」
mobil *murah* dan *putih kami*
「私たちの安くて白い自動車」

問題

次の日本語をインドネシア語に直しなさい。

1. 彼の大きい家
2. あなたの高い時計
3. 私の新しい部屋
4. 私たちの小さい庭
5. その茶色い机
6. この明るい部屋
7. 私の兄のオートバイ
8. アリの妹の学校

9. 彼の軽いかばん
10. 私の友人の家の窓
11. あなたの黒い自転車
12. この大学生の友だち
13. 僕の新聞
14. その清潔な事務所のドア
15. その先生の自動車
16. この甘いコーヒー
17. その長い道
18. 青い飛行機

単語 47 DL

gula	「砂糖」	**garam**	「塩」
lada	「こしょう」	**cuka**	「酢」
kécap asin	「しょう油」	**saus tomat**	「トマトケチャップ」
kapal	「船」	**kapal terbang, pesawat udara**	「飛行機」
keréta listrik	「電車」	**keréta api**	「列車」
sepéda motor	「オートバイ」	**bis, bus**	「バス」
dunia	「世界」	**anggota**	「会員」
manis	「甘い，かわいい」	**pahit**	「にがい」
asin	「塩辛い」	**pedas**	「辛い」
asam	「酸っぱい」	**dengan**	「〜と一緒に，〜で」
semua	「全部の」	**para**	「〜たち」

コーヒーブレイク

お手洗いには kamar kecil, WC, toilét など，いろいろな言い方がありますが，ジャワの人はものごとを婉曲に言うので kamar mandi（お風呂場）と言うことがあります。というのは，インドネシアのお手洗いは，一般にお風呂場といっしょになっているからです。

何も知らない私は，大学時代友人のインドネシア人がわが家へ泊りに来た時，“Di mana kamar mandi?”（お風呂場はどこですか）と聞くので，すなおにお風呂場を教えてあげたら，ひんぱんにお風呂場に行っていました。

お風呂場に何の用事があったのか最後までわかりませんでしたが，ちなみにその友人はわが家で一度もお手洗いを使いませんでした。

Pelajaran 9
私はインドネシア語を話すことができます。
助動詞・語順

会話 

A:	**Saya bisa berbicara bahasa Indonésia.** サヤ ビサ ブルビチャラ バハサ インドネシア	私はインドネシア語を話すことができます。
	Apakah Anda bisa berbicara bahasa Inggris? アパカ アンダ ビサ ブルビチャラ バハサ イングリス	あなたは英語を話すことができますか。
B:	Tidak, saya tidak bisa berbicara bahasa Inggris. ティダッ(ク) サヤ ティダッ(ク) ビサ ブルビチャラ バハサ イングリス	いいえ，私は英語を話すことができません。
	Tetapi bisa mengerti bahasa Indonésia. トゥタピ ビサ ムングルティ バハサ インドネシア	しかしインドネシア語を理解することはできます。

文 法

◈ 助動飼

bisa ❶「～できる」

Saya **bisa** minum bir.（私はビールを飲むことができます）
Saya tidak **bisa** minum bir.（私はビールを飲むことができません）

boléh「～してもよい」

Anda **boléh** pergi ke bioskop.
（あなたは映画館へ行ってもよいです）

Anda tidak **boléh** pergi ke bioskop.
（あなたは映画館へ行ってはいけません）

harus ❷「～しなければならない」

Dia **harus** belajar bahasa Indonésia.
（彼はインドネシア語を勉強しなければなりません）

mau「～したい」，**ingin**「とても～したい」

Saya **mau** membaca buku.（私は本を読みたいです）
Saya tidak **mau** membaca buku.（私は本を読みたくないです）
Saya **ingin** membaca buku.（私は非常に本を読みたいです）

perlu, usah「～する必要がある」**〔ただし usah は必ず tidak を伴う〕**

Meréka **perlu** mencuci pakaian.
（彼らは服を洗う必要があります）

Meréka tidak **perlu** mencuci pakaian.
（彼らは服を洗う必要がありません）

Meréka **tidak usah** mencuci pakaian.
（彼らは服を洗う必要がありません）

---

❶ dapat でもかまいません。❷ mesti でもかまいません。

◈ 語順

名詞（主語）	否定詞	助動詞	動詞	名詞（目的語）	場所・時・様態を示す句
① Teman saya	tidak	bisa	menulis	surat	di rumah saya.
② Beliau		mau	pergi		ke toko.
③ Anda			minum	susu	di réstoran.
④ Dia			bangun		sekarang.

［訳］　① 私の友だちは私の家で手紙を書くことができません。
② あの方は店へ行きたがっています。
③ あなたはレストランで牛乳を飲みます。
④ 彼は今起きました。

最も言いたい語を文頭に置くこともあります。

例 Orang itu belajar bahasa Inggris di sekolah sampai jam 4.
（その人は学校で 4 時まで英語を勉強します）

Di sekolah orang itu belajar bahasa Inggris sampai jam 4.
（学校でその人は 4 時まで英語を勉強します）

Sampai jam 4 orang itu belajar bahasa Inggris di sekolah.
（4 時までその人は学校で英語を勉強します）

例文　49 DL

Tuan Sutomo *bisa* berenang di kolam.
（ストモさんは池で泳ぐことができます）

Nyonya Nina tidak *bisa* berbicara bahasa Jepang.
（ニナ夫人は日本語を話すことができません）

Nona Susi *boléh* pergi ke toko dengan temannya.
（スシさんは友だちと店へ行ってもかまいません）

Boleh saya minum bir? ❶
（私はビールを飲んでも良いですか？）

Anda tidak *boléh* pulang sekarang.
（あなたは今，帰ってはいけません）

Murid *harus* belajar di sekolah.
（生徒は学校で勉強しなければいけません）

Adikku *mau* bermain denganku.
（僕の弟〔妹〕は僕と遊びたがっています）

Saya tidak *mau* membeli pakaian itu.
(私はその服を買いたくありません)
Kami *perlu* berbicara tentang hal itu.
(私たちはそのことについて話す必要があります)
Meréka *tidak perlu* menulis mengenai hal itu.
(彼らはそのことに関して書く必要はありません)
Kamu *tidak usah* menjual bunga ini.
(おまえはこの花を売る必要はありません)
Ayah memberi kado kepada anak di rumah kemarin.
(父親は昨日，家で子供にプレゼントをしました)
= Di rumah ayah memberi kado kepada anak kemarin.
(家で父親は昨日，子供にプレゼントをしました)
= Kemarin ayah memberi kado kepada anak di rumah.
(昨日，父親は家で子供にプレゼントしました)

---

❶ boleh などの助動詞を疑問文で使用する場合，apakah の代わりに文頭にもってくることができます。

問題

I. 次の文を日本語に訳しなさい。

1. Saya tidak bisa berbicara bahasa Indonésia.
2. Nona Wilma boléh membaca buku itu.
3. Supir tidak boléh tidur di dalam mobil.
4. Bapak Yanto harus membeli kacamata.
5. Pembantu harus mencuci pakaian.
6. Anak itu bisa bermain dengan kucing.
7. Saya ingin pergi ke Yogyakarta.
8. Kamu tidak usah datang ke rumah saya.
9. Orang malas itu tidak mau bekerja.
10. Anda perlu menulis surat dalam bahasa Inggris.

II. 次の文をインドネシア語に訳しなさい。

1. その警察官はどろぼうを捕まえなければなりません。
2. 私の兄はその白い車を洗わなければなりません。
3. あなたは店へ行ってはいけません。
4. 彼の母は私の家へ来ることができません。
5. 彼女は学校へ行ってもよいです。
6. 私は豚肉を食べたくありません。
7. 私はここで寝たいです。
8. あなたはお皿を洗う必要はありません。
9. そのお手伝いは日本語を話せます。
10. 大学生は大学で勉強する必要があります。

III. 次の問いに答えなさい。

1. Apakah dia harus pergi ke kantor?
2. Boléh saya pulang sekarang?
3. Apakah kakak Anda mau belajar bahasa Indonésia?
4. Apakah orang itu tidak usah bekerja?
5. Apakah Nyonya Déwi bisa membaca koran?
6. Apakah saya perlu pergi ke kantor Anda?
7. Apakah Anda suka makan sayur?
8. Apakah Anda mau menulis surat di rumah Anda?
9. Apakah Anda harus makan banyak?
10. Apakah kamu bisa datang ke rumahku?
11. Apakah dia harus pergi ke kanan?
12. Apakah guru itu bisa pergi ke Surabaya dengan keréta api?
13. Apakah Anda memerlukan uang?

bunga	「花」	**hal**	「こと，ことがら」
bioskop	「映画館」	**film**	「映画」
pencuri	「どろぼう」	**sayur**	「野菜」
kado	「プレゼント」		
bermain	「遊ぶ，弾く（ピアノなど）」	**memasak (masak)**	「料理を作る」
membeli (beli)	「買う」	**menjual (jual)**	「売る」
mengerti (arti)	「理解する」	**menangkap (tangkap)**	「つかまえる，逮捕する」
tentang	「～について」	**mengenai**	「～に関して」
bisa, dapat	「～できる」	**boléh**	「～してもよい」
harus, mesti	「～しなければない」	**mau** **ingin**	「～したい」 「とても～したい」
perlu	「～する必要がある」		
sekarang	「今，現在」		

コーヒーブレイク

大学時代に夏休みを利用して，バスでジャワ島を横断した時のこと。ドライブインのお手洗には，なんと直径 20cm ぐらいの穴が 1 つ。その前にはビール瓶が並べられ，横にあるバスタブを見ると，中に金魚が数匹ゆうゆうと泳いでいたのです。

ビール瓶は用をたしたあとの洗浄用の水を入れておく物，金魚はバスタブの水に苔がはえないように入れてあったのでした。

Pelajaran 10

彼はもうお風呂に入りました。

時制

会話 51 DL

A:	**Saya sudah mandi.** サヤ スダ マンディ	私はもうお風呂に入りました。
	Apakah Anda sudah mandi? アパカ アンダ スダ マンディ	あなたはもうお風呂に入りましたか。
B:	Belum, saya belum mandi, karena saya sedang makan. ブる(ム) サヤ ブる(ム) マンディ カルナ サヤ スダン マカん	いいえ，私はまだお風呂に入っていません。なぜなら私は今，食事をしていますから。
A:	Apakah Anda akan mandi? アパカ アンダ アカん マンディ	あなたはお風呂に入りますか。
B:	Ya, tentu saja. ヤァ トゥントゥ サジャ	はい，当然です。

文法

◈ **時制**

現在形	Saya		mandi.
未来形	Saya	**akan**	mandi.
過去形	Saya	**sudah** ❶	mandi.
進行形	Saya	**sedang** ❷	mandi.

☞インドネシア語は英語のように時制によって動詞が変化するのではなく，動詞の前に未来形は akan，過去形は sudah か telah，進行形は sedang か lagi（lagi は会話的）を入れます。

ただし，文章中に sekarang（今）のように時を表わす単語が入っている場合には時制がわかるので，あえて時制を表わす語（akan, sudah, sedang）を入れなくてもかまいません。

例 Saya akan pergi.（私は行くでしょう）

Saya pergi **bésok**.（私は明日行きます）

---

❶ sudah の代わりに telah を使ってもかまいません。

❷ sedang の代わりに lagi を使ってもかまいません。

◈ **belum：まだ〜でない。**

Saya **belum** mandi di rumah.

（私はまだ家でお風呂に入っていません）

Apakah Anda sudah makan pagi?

（あなたはもう朝ご飯を食べましたか）

Ya, saya sudah makan pagi.

（はい，私はもう朝ご飯を食べました）

Belum, saya **belum** makan pagi.

（いいえ，私はまだ朝ご飯を食べていません）

☞ 疑問文の中に"**sudah**"が入っている場合，否定形は"**belum**"を使います。

Apakah Anda **belum** minum obat?

（あなたはまだ薬を飲んでいませんか）

Sudah, saya **sudah** minum obat.

（いいえ，私はもう薬を飲みました）

Belum, saya **belum** minum obat.

（まだです。私はまだ薬を飲んでいません）

☞ belum を使った否定形で質問された場合，肯定ならば sudah，否定ならば belum を使って答えます。

◈ masih：まだ～である

Anak saya **masih** tidur.（私の子供はまだ寝ています）

Anak saya **belum** tidur.（私の子供はまだ寝ていません）

☞ belum が否定的な「まだ」という意味に対し, masih は肯定的な「まだ」という意味に使われます。

Saya **masih** mahasiswa.（私はまだ大学生です）

Saya **masih** bekerja di kantor yang dulu.
（私はまだ以前の会社で働いています）

Saya **masih** muda.（私はまだ若いです）

Apakah ibu Anda **masih** muda?
（あなたのお母さんはまだ若いですか）

Ya, ibu saya **masih** muda.（はい，母はまだ若いです）

Tidak, ibu saya tidak muda lagi.
（いいえ，母はもう若くありません）

☞ 疑問文の中に masih が含まれる場合，否定文の最後に lagi（もう）を入れます。

◈ pernah：～したことがある

Orang itu *belum* **pernah** minta uang.
（その人はまだお金を要求したことがありません）

Orang itu *sudah* **pernah** minta uang.
（その人はお金を要求したことがあります）

☞ pernah は経験を表わす単語で否定的経験の場合は belum の後ろに，肯定的経験の場合は sudah の後ろにつけられます。

Apakah Anda sudah **pernah** pergi ke Indonesia?
（あなたはインドネシアへ行ったことがありますか）

Ya, saya sudah **pernah** pergi ke Indonesia.
（はい，私はインドネシアへ行ったことがあります）

Belum, saya belum **pernah** pergi ke Indonesia.
（いいえ，私はまだインドネシアへ行ったことがありません）

例文 52 DL

Saya *akan* pergi ke Indonésia.
（私はインドネシアへ行くでしょう）
Dia *sudah* pulang ke rumah.
（彼はもう家へ帰りました）
Ayah saya *sedang* mandi di kamar mandi.
（私の父はお風呂場でお風呂に入っています）
Saya pergi ke sekolah bésok.
（私は明日学校へ行きます）
Dia datang dari Jakarta kemarin.
（彼は昨日，ジャカルタから来ました）
Ayah saya makan nasi sekarang.
（私の父は今，ご飯を食べています）
Adik saya *belum* membeli perangko.
（私の弟〔妹〕はまだ切手を買っていません）
Perempuan itu *masih* berbicara di rumah.
（その女の人はまだ家で話しています）
Guru saya *sudah pernah* pergi ke Amérika.
（私の先生はアメリカへ行ったことがあります）

問題

I. 次の文をインドネシア語に訳しなさい。

1. 彼女はもう学校へ行きました。
2. 私のおじさんは今，手紙を書いています。
3. 彼はまだ北海道へ行ったことがありません。
4. その金持ちはあさってヨーロッパへ行きます。
5. 私の兄はまだ若いです。
6. 私は昨日会社へ行きませんでした。
7. 父は部屋でテレビを見ています。
8. 私の子供はまだ英語を勉強していません。
9. 母はジャカルタに住んだことがあります。
10. あの人は，まだそのいすに座っています。

II. 次の文を読んで日本語に訳しなさい。

Teman saya

Nitra, teman saya, sudah pernah pergi ke Inggris, tetapi adiknya belum pernah ke sana.

Adik Nitra masih kecil, tetapi bisa memasak.

Kemarin Nitra dan adiknya pergi ke toko Sarinah, dan membeli pakaian mérah.

Méreka mau menonton film, tetapi banyak orang di depan bioskop. Akhirnya Nitra dan adiknya makan mie baso* di réstoran Mie Gajah Mada, dan pulang ke rumah tanpa menonton film.

---

* 直径 2 cm ぐらいのボール型のかまぼこ（魚肉のものと牛肉のもの）が入ったラーメン。

単語

hari ini	「今日」		
kemarin	「昨日」	**kemarin dulu**	「おととい」
bésok	「明日」	**lusa**	「あさって」
perangko	「切手」	**mie**	「麺」
saputangan	「ハンカチ」		
minta	「要求する」		
akhirnya	「ついに，最後に」		

Pelajaran 11
おいくつですか。
数字

会話 55 DL

A:	**Berapa umur Anda?** ブラパ ウムール アンダ	あなたはおいくつですか。
B:	Umur saya 22 (dua puluh dua) tahun. ウムール サヤ ドゥアプる ドゥア タウん	私の年は22歳です。
	Berapa harga saputangan Anda? ブラパ ハルガ サプタンガん アンダ	あなたのハンカチはおいくらですか。
A:	Harga saputangan saya 50,000 (lima puluh ribu) rupiah. ハルガ サプタンガん サヤ りマ プる リブ ルピア	私のハンカチの値段は50,000ルピアです。

◈ **基数**

0 nol	7 tujuh	14 empat belas
1 satu	8 delapan	15 lima belas
2 dua	9 sembilan	16 enam belas
3 tiga	10 sepuluh	17 tujuh belas
4 empat	11 *sebelas*	18 delapan belas
5 lima	12 dua belas	19 sembilan belas
6 enam	13 tiga belas	20 dua *puluh*

30	tiga puluh	80	delapan puluh	111	seratus sebelas
40	empat puluh	90	sembilan puluh	200	dua ratus
50	lima puluh	100	*seratus*	300	tiga ratus
60	enam puluh	101	seratus satu	400	empat ratus
70	tujuh puluh	110	seratus sepuluh		

1,000	*seribu*	1,000,000	*sejuta*
2,000	dua ribu	10,000,000	*sepuluh juta*
10,000	*sepuluh ribu*	100,000,000	*seratus juta*
100,000	*seratus ribu*	1,000,000,000	satu *miliar*

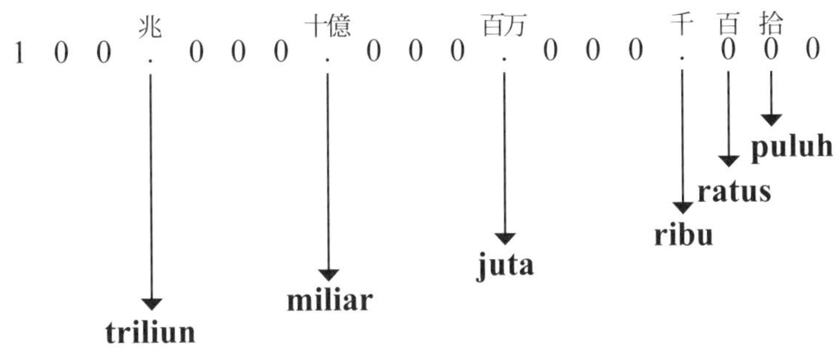

例 20.000 : 点の前が 20, 点の後ろが 000 なので duapuluh ribu
300.000.000 : 点の前が 300, 点の後ろが 000.000 なので tigaratus juta
4.000.000.000 : 点の前が 4, 点の後ろが 000.000.000 なので empat miliar
56.789.102 : 56 juta 789 ribu 102 なので lima puluh enam juta tujuh ratus delapan puluh sembilan ribu seratus dua

インドネシアでは日本と逆に三けたごとに打つコンマの代わりにピリオドを使い，小数点に打つピリオドの代わりにコンマを使います。例 56.789,02

◈ 個数を表わす語

orang	「〜人」	3 orang murid ❶	「3 人の生徒」
ékor	「〜匹」	4 ékor kucing	「4 匹のねこ」
hélai, lembar	「〜枚」	5 hélai kémeja	「5 枚のシャツ」
buah	「〜個」	6 buah apel	「6 個のりんご」
biji	「〜粒」	7 buji jagung	「7 粒のトウモロコシ」
butir ❷	「〜粒」	8 butir telur	「8 個の卵」
batang	「〜本」	9 batang pohon	「9 本の木」
pasang	「〜組, 足」	sepasang kaus kaki	「1 組の靴下」

☞ se は 1 を表わします。

◈ 序数

1	**(yang) pertama**	6	**(yang) ke**enam
2	**(yang) ke**dua	7	**(yang) ke**tujuh
3	**(yang) ke**tiga	8	**(yang) ke**delapan
4	**(yang) ke**empat	9	**(yang) ke**sembilan
5	**(yang) ke**lima	10	**(yang) ke**sepuluh

☞序数は基数詞の前に **(yang) ke** をつけます。
名詞＋ **(yang) ke** 数字 例 **orang (yang) kedua**
2 番目の人

◈ 分数

$\frac{1}{2}$	setengah, se**per**dua	$\frac{3}{5}$	tiga **per**lima ❸
$\frac{1}{3}$	se**per**tiga, satu **per**tiga	$\frac{4}{9}$	empat **per**sembilan
$\frac{1}{4}$	se**per**empat, satu **per**empat	$3\frac{5}{7}$	tiga lima **per**tujuh

☞分数は〔分子＋ per ＋分母〕の順につなぎます。
分子が 1 の場合は通常，se にします。

---

❶ 数字は個数を表わす語や名詞の前にきます。

❷ 卵，真珠，涙など丸くて小さいものに使います。

❸ tiga **per**lima の per の r に気をつけて発音しないと，tiga **puluh** lima と似た発音になってしまうので注意。

◈ 小数

1,5　satu **koma** lima
2,34　dua **koma** tiga empat
34,057　tiga puluh empat **koma** nol lima tujuh

☞小数点を koma と読み，小数点以下は数字を一つずつ読みます。

◈ 数式

9 ＋ 3 ＝ 12　Sembilan **tambah** tiga **sama dengan** dua belas.
10 − 2 ＝ 8　Sepuluh **kurang** dua **sama dengan** delapan.
4 × 7 ＝ 28　Empat **kali** tujuh **sama dengan** dua puluh delapan.
60 ÷ 12 ＝ 5　Enam puluh **(di)bagi** dua belas **sama dengan** lima.

例 文　56 DL

Di dalam kelas ada 34 *orang* mahasiswa.
（クラスの中に 34 人の大学生がいます）
5 *ékor* harimau tidur di bawah pohon.
（5 頭のトラが木の下で寝ています）
Saya membeli 2 *hélai* pakaian.
（私は 2 枚の服を買います）
Di depan rumahnya berhenti 6 *buah* mobil.
（彼の家の前に 6 台の自動車が止まっています）
Dia makan 1.000 *biji* jagung.
（彼は 1,000 粒のトウモロコシを食べます）
Saya melihat *sebutir* mutiara di dalam kamar ibu.
（私は母の部屋の中で 1 粒の真珠を見ます）
Di kebun saya ada 8 *batang* pohon.
（私の庭に 8 本の木があります）
Om memberi 2 *pasang* sepatu.
（おじさんは 2 足の靴を与えます）
Hari *pertama* banyak orang datang ke bioskop.
（初日に多くの人が映画館へ来ます）
Saya belajar pelajaran *ke*sebelas.（私は第 11 課を勉強します）

Tiga *per*empat orang di kantor ini terdiri dari laki-laki.
（この会社の 4 分の 3 の人は男の人です）
Enam *(di)bagi* empat *sama dengan* satu koma lima.
（6 ÷ 4 = 1.5）
Berapa nomor télépon Anda?（あなたの電話は何番ですか）
Nomor télépon saya satu dua tiga strip empat lima enam tujuh.
（私の電話番号は 123-4567 です）
Berapa harga sepatu Anda?（あなたの靴はいくらですか）
Harga sepatu saya sepuluh ribu yen.（私の靴の値段は 1 万円です）
Berapa umur ibu Anda?（あなたのお母さんは何歳ですか）
Umur ibu saya lima puluh tahun.（私の母の年齢は 50 歳です）

問 題

I. 次の数字をインドネシア語に直しなさい。

2, 4, 6, 8, 3, 1, 5, 7, 9, 10, 11, 15, 18, 21, 29, 37, 42, 53, 65, 77, 81, 99, 121, 234, 918, 661, 1.934, 2.058, 3.107, 4.016, 12.597, 88.643, 246.000, 3.456.000, 14.444.444, 876.543.210, 5.112.034.019

II. 次の数式をインドネシア語に直しなさい。

5 + 8 =	10 − 2 =	4 × 6 =	9 ÷ 3 =
13 + 107 =	232 − 32 =	100 × 8 =	516 ÷ 3 =

III. 次の文を日本語に訳しなさい。

1. Umur ayah saya tujuh puluh empat tahun.
2. Harga sepatu saya dua belas ribu yén.
3. Dua orang anak dan seékor anjing bermain di taman.
4. Orang ketiga dari kiri saya sedang minum kopi.
5. Dua perlima orang di kelas ini membaca buku.
6. Seratus lima belas (di)bagi lima sama dengan dua puluh tiga.

IV. 次の文をインドネシア語に訳しなさい。

1. 私は 3 枚の服と 1 足の靴を買います。
2. 彼の家には 2 台のテレビがあります。
3. その公園には 23 本の木があります。
4. 右から 4 番目の人は手紙を書いています。
5. 地球の 10 分の 7 は海から成っています。
6. あなたのお母さんはおいくつですか。
7. この黒いかばんはいくらですか。

単語 

berapa	「いくつ，いくら」		
umur	「年齢」	**harga**	「値段」
telur	「卵」	**beras**	「米」
taman	「公園」	**kelas**	「クラス」
bumi	「地球」	**laut**	「海」
mutiara	「真珠」	**tardiri dari**	「～から成る」
berhenti	「止まる」	**jagung**	「トウモロコシ」
harimau	「トラ」	**pelajaran**	「課」

コーヒーブレイク

インドネシアは東西に広がり，その長さは約 5,000 キロメートル。これはアメリカ大陸の東西の長さとほぼ同じ。また，日本―インドネシア間の距離ともほぼ同じです。

Pelajaran 12
今日は 4 月 30 日です。
日付・曜日

会話 58 DL

A:	**Hari ini tanggal 30 bulan April.** ハリ イニ タンガる ティガブる ブらん アプリる	今日は 4 月 30 日です。
	Kemarin hari apa? クマリん ハリ アパ	昨日は何曜日でしたか。
B:	Hari Senin. ハリ スニん	月曜日です。
	Kapan Anda lahir? カパん アンダ らヒール	あなたはいつ生まれましたか。
A:	Saya lahir tanggal 13 bulan Oktober tahun 1990. サヤ らヒール タンガる ティガブらス ブらん オクトーブル タウん スリブス(ン)ピらんラトゥスス(ン)ビらんプる	私は 1990 年 10 月 13 日に生まれました。

◈ **曜日** 59 DL

hari Minggu	「日曜日」	**hari Kamis**	「木曜日」
hari Senin	「月曜日」	**hari Jumat**	「金曜日」
hari Selasa	「火曜日」	**hari Sabtu**	「土曜日」
hari Rabu	「水曜日」		

◈ **月名**

bulan **Januari**	「1 月」	bulan **April**	「4 月」
bulan **Fébruari**	「2 月」	bulan **Méi**	「5 月」
bulan **Maret**	「3 月」	bulan **Juni**	「6 月」

bulan **Juli**	「7 月」	bulan **Oktober**	「10 月」
bulan **Agustus**	「8 月」	bulan **Novémber**	「11 月」
bulan **Séptémber**	「9 月」	bulan **Désémber**	「12 月」

文法

◈ 曜日・日付

(1) Hari ini **hari apa**?　（今日は何曜日ですか）

Hari ini hari Selasa.　（今日は火曜日です）

(2) Hari ini **tanggal berapa**?　（今日は何日ですか）

Hari ini tanggal ❶ 19.　（今日は 19 日です）

☞日付は基数で tanggal sembilan belas（19 日）と読みます。

◈ 前と後（時の）

「～前」: **yang lalu**

「～後」: **yang akan datang**

例 1. 2 tahun *yang lalu* saya tinggal di Jakarta.
（2 年前私はジャカルタに住んでいました）

2. Saya pergi ke Karuizawa 3 minggu *yang lalu*.
（私は 3 週間前に軽井沢へ行きました）

3. Dia berangkat ke Indonésia 4 hari *yang akan datang*.
（彼は 4 日後インドネシアへ出発します）

4. Kami tiba di Tokyo sebulan *yang akan datang*.
（私たちは 1 か月後に東京に到着します）

☞一週間後，一か月後，一年後の場合に *yang akan datang* の代わりに，会話では depan を使うことがあります。

seminggu yang akan datang = minggu **depan**　「来週」
sebulan yang akan datang = bulan **depan**　「来月」
setahun yang akan datang = tahun **depan**　「来年」

◈ **時を表わす前置詞**

pada ❷ 正式の場合，文章の中で曜日，月，年の前に pada を入れます。

例 1. Saya pergi ke sekolah **pada** *hari Senin.*

（私は月曜日に学校へ行きます）

2. Beliau lahir **pada** *bulan Januari.*

（あの方は 1 月に生まれました）

3. Kami membeli rumah **pada** *tahun 2011*.

（私たちは 2011 年に家を買いました）

☞インドネシア語では，日，月，年の順に書きます。

例 Saya lahir tanggal 19 (日) bulan Januari (月) tahun 1995 (年).

（私は 1995 年 1 月 19 日に生まれました）

---

❶ 書く場合 tanggal を tgl. と略すこともあります。

❷ kepada になると，「〜(人)に」という意味になります。

例 Saya mengajar bahasa Indonésia **kepada** murid saya.

（私は私の生徒にインドネシア語を教えます）

Ibu marah **kepada** anak.（母親は子供をしかります）

例文 60 DL

Kemarin *tanggal berapa*?（昨日は何日ですか）

Kemarin *tanggal 18*.（昨日は 18 日です）

3 hari yang lalu *tanggal berapa*?（3 日前は何日ですか）

3 hari yang lalu *tanggal 15*.（3 日前は 15 日です）

Kemarin dulu *hari apa*?（おとといは何曜日ですか）

Kemarin dulu *hari Sabtu*.（おとといは土曜日です）

Lusa *hari apa*?（あさっては何曜日ですか）

Lusa *hari Rabu*.（あさっては水曜日です）

3 hari *yang akan datang* hari Kamis.（3 日後は木曜日です）

Kapan hari ulang tahun Anda?（あなたの誕生日はいつですか）

Hari ulang tahun saya *tanggal 15 bulan Juni tahun 1990*.

（私の誕生日は 1990 年 6 月 15 日です）

Kami belajar bahasa Indonésia 2 minggu *yang akan datang*.

（私たちは 2 週間後にインドネシア語を勉強します）

Ayah saya pergi ke Amérika *bulan depan*.

（私の父は来月アメリカへ行きます）

問題

I. 次の問いに答えなさい。

1. Hari ini tanggal berapa?
2. Kemarin hari apa?
3. Bésok tanggal berapa?
4. Kapan Anda lahir?
5. Kapan Anda pergi ke Indonésia?
6. Kapan Anda membeli jam Anda?
7. Hari apa Anda belajar bahasa Indonésia?
8. Tanggal berapa Anda bermain golf?

II. 次の文を日本語に訳しなさい。

1. Saya berangkat ke Médan pada hari Kamis.
2. Guru saya tidak mengajar pada hari Sabtu.
3. Anak itu membaca buku 2 hari yang lalu.
4. Perempuan itu pergi ke Bandung 3 minggu yang akan datang.
5. Orang miskin itu menjual pakaian tgl. 18.
6. Barang ini sampai di rumah saya tgl.5 bulan yang lalu.

III. 次の文をインドネシア語に訳しなさい。

1. 私は 15 日にその手紙を読みました。
2. 彼は金曜日にモスクへ行きます。
3. 私の友人は 3 日前に私の家に来ました。
4. 私は彼と 2 週間後に会います。
5. 私の弟は 4 年後に大学へ入ります。
6. 母は来週映画を見ます。
7. 私の家族は 4 人です。
8. 彼の親せきが来月東京へ来ます。
9. 私は先月月給をもらいました。

単語 61 DL

kapan	「いつ」		
berangkat	「出発する」	**sampai, tiba**	「到着する」
lahir	「生まれる」	**mengajar (ajar)**	「教える」
menerima (terima)	「受け取る」	**bertemu dengan ~**	「～と会う」
hari	「日」	**minggu**	「週」
bulan	「月」	**tahun**	「年」
keluarga	「家族」	**famili**	「親せき」
gaji	「給料」	**barang**	「品物」

コーヒーブレイク

インドネシアには雨期と乾期があり，雨期は通常 9 月から 3 月ぐらいなので September のように ber のつく月は全て雨期というわけです。

Pelajaran 13

今，何時ですか。

時間

会話 62 DL

A:	**Jam berapa sekarang?** ジャ（ム） ブラパ スカラン	今何時ですか。
B:	Sekarang jam 8 (delapan). スカラン ジャ（ム） ドゥらパん	今8時です。
	Jam berapa Anda bangun hari ini? ジャ（ム） ブラパ アンダ バングん ハリ イニ	今日あなたは何時に起きましたか。
A:	Saya bangun jam setengah 7 (tujuh) pagi. サヤ バングん ジャ（ム） ストゥンガ トゥジュ パギ	私は朝6時半に起きました。

文法

7時	jam 7 ❶
7時3分	jam 7 **léwat** 3 menit ❷
7時15分	jam 7 (léwat) **seperempat** ❸
7時30分	jam **setengah 8** ❹
7時38分	jam 7 léwat 38 menit
7時45分	jam 8 **kurang** seperempat ❺
7時58分	jam 8 kurang 2 menit

jam 1「1時」　　1 jam「1時間」

☞以上のように語順が変わると，意味も変わるので注意。

setengah jam「30分間」　　seperempat jam 「15分間」
2 setengah jam「2時間半」

Jam berapa Andu tidur?（あなたは何時に寝ますか）
Berapa jam Anda tidur?（あなたは何時間寝ますか）
Berapa lama Anda tidur?（あなたはどのくらい寝ますか）

---

❶ jam の代わりに pukul を使うこともあります。

❷❺ 過ぎは **léwat**，前は **kurang** を使います。

❸ 15 分の場合は 15 menit よりも **seperempat**（＝ $\frac{1}{4}$ ）の方を多く使います。

❹ 30 分（半）の場合は setengah（＝ $\frac{1}{2}$ ）を使い，後ろにその時間プラス 1 時間の数字を書きます。

例文 63 DL

Sekarang *jam berapa*?（今，何時ですか）
　Sekarang *jam setengah 1*.（今，12 時半です）
Saya berangkat ke kantor *jam 8 kurang 13 menit*.
（私は会社へ 8 時 13 分前に出発します）
Dia bertemu dengan temannya *jam 2 (léwat) seperempat* siang.
（彼は彼の友人に昼 2 時 15 分に会います）
Saya bangun *jam 7 tepat*.（私は 7 時ちょうどに起きます）
Saya tidur *jam 11 léwat 49 menit* tadi malam.
（私は昨晩 11 時 49 分に寝ました）
Ayah saya bekerja dari *jam 9* pagi sampai❺ *jam 5* soré di kantor.
（私の父は朝 9 時から夕方 5 時まで会社で働きます）
Saya belajar bahasa Indonésia *3 jam* sehari.
（私はインドネシア語を 1 日 3 時間勉強します）
Dari Jakarta ke❻ Bogor memakan waktu *1 jam*.
（ジャカルタからボゴールまで 1 時間かかります）

---

❺ sampai の代わりに hingga を使うこともあります。

❻「～から～まで」は時間に関する場合は “dari ~ sampai,” 場所の場合は “dari ~ ke ~ ” を使います。

問題

I. 次の文を日本語に訳しなさい。

1. Jam berapa sekarang?
2. Berapa jam Anda bekerja kemarin?
3. Tadi pagi saya makan jam setengah 8.
4. Kakak saya mandi jam 8 malam.
5. Bayi itu lahir jam 4 léwat 4 menit di rumah sakit.
6. Jam 3 adiknya makan kué dan minum susu.
7. Saya bangun jam 9 kurang seperempat.
8. Dia tidur 8 jam.
9. Dari rumah ke kantor memakan waktu 1 setengah jam.

II. 次の文をインドネシア語に訳しなさい。

1. 私は昨晩 11 時半に寝ました。
2. アミール（Amir）さんは朝 10 時に空港に到着します。
3. 私は 5 時 23 分に，その男の人を見ました。
4. 私の両親は 6 時 45 分に会社へ行きます。
5. その男の人は 8 時 55 分から工場で働きます。
6. 大学生は 4 時 10 分まで大学で勉強します。
7. 彼女は 1 日 8 時間会社で働きます。
8. 学校から駅まで自動車で 30 分かかります。
9. 私は明日 3 時間半泳ぎます。

III. 次の文を読んで日本語に訳しなさい。

Om saya

Om saya pergi ke kantor dengan mobil dari hari Senin sampai hari Sabtu. Tiap hari beliau bangun jam enam dan berangkat dari rumah jam setengah delapan.

Di kantor ada 6 orang pegawai. Meréka rajin.

Hari ini hari ulang tahun om ke-58. Meréka memberi bunga dan kué kepada om.

Om sudah 30 tahun bekerja di kantor itu. Dari hari Senin sampai hari Jumat beliau bekerja dari jam 8 sampai jam 4, dan hari Sabtu dari jam 8 sampai jam 12 siang.

Om saya suka membaca buku dan menonton TV di rumah.

detik	「秒」	**menit**	「分」
tadi	「さっき」	**tadi pagi**	「けさ」
tadi siang	「今日の昼（過ぎている）」	**tadi malam**	「昨晩」
(se) tiap	「毎」	**(se) tiap hari**	「毎日」
nanti	「のちに」	**nanti soré**	「今夕（まだ夕方にならない時）」
nanti malam	「今晩」		
tengah hari	「正午」	**tengah malam**	「真夜中」
pabrik	「工場」	**stasiun**	「駅」
pelabuhan udara, bandara	「空港」	**kué**	「お菓子」
(me)makan waktu	「（時間が）かかる」	**orang tua**	「両親」
bayi	「赤ちゃん」	**pegawai**	「職員」
rumah sakit	「病院」	**tepat**	「ちょうど」

コーヒーブレイク

ごはんはなし (nasi)，魚はいかん (ikan)，菓子を食え (kué)。
簡単に覚えられますね。

Pelajaran 14

あなたの家はどこにありますか。

疑問詞

会話 66 DL

A:	**Di mana ada rumah Anda?** ディ マナ アダ ルマ アンダ	あなたの家はどこにありますか。
B:	Rumah saya ada di depan sekolah. ルマ サヤ アダ ディ ドゥパん スコら	私の家は学校の前にあります。
A:	Kapan Anda datang ke rumah saya? カパん アンダ ダタン ク ルマ サヤ	いつ，あなたは私の家へ来ますか。
B:	Kapan saja. カパん サジャ	いつでもけっこうです。

文法

◈ **疑問詞**

siapa「誰」 **kapan**「いつ」
apa「何」 **mana**「どこ」
berapa「いくつ，いくら」 **bagaimana**「どのように，いかに」
yang mana「どちら」
kenapa, mengapa「なぜ」 **karena*「なぜなら」

☞ 原則的に疑問詞は文頭にきますが，そうでない場合もあります。特に siapa と apa は目的語として使われる場合，文頭ではなく目的語の位置に置きます。

例 Polisi menangkap siapa?（警察官は誰を逮捕しますか？）

Anda minum apa?（あなたは何を飲みますか？）

☞ 一般に mana の前には，di mana「どこで」，ke mana「どこへ」，dari mana「どこから」のように di，ke もしくは dari を用途に応じて入れます。

☞ *kenapa, mengapa* で聞かれて，返事をするときは，必ず **karena** で答えます。

例 *Kenapa* Anda mandi?　　（なぜ，おふろに入りますか）

Karena panas.　　（なぜなら，暑いからです）

Siapa nama Anda?（あなたのお名前は？）

Nama saya Amin.（私の名前はアミンです）

Anda suka makan apa?（あなたは何を食べるのが好きですか）

Anak itu datang dari *mana*?（その子供はどこから来ましたか）

Berapa tahun Anda tinggal di Jakarta?

（何年間あなたはジャカルタに住んでいますか）

Tahun *berapa* Anda pergi ke Amerika?

（西暦何年にあなたはアメリカへ行きましたか）

Kapan kakaknya akan menikah?（いつ彼の兄さんは結婚しますか）

Kenapa Anda belajar bahasa Indonésia?

（なぜあなたはインドネシア語を勉強しますか）

Karena saya suka orang Indonésia.

（なぜなら，私はインドネシア人が好きですから）

Bagaimana caranya?（どのような方法ですか）

Yang mana Anda sukai, kopi atau téh?

（あなたはコーヒーとお茶とどちらが好きですか）

〔問 題〕

I. 次の文の下線部に適当な疑問詞を入れなさい。
(siapa, apa, mana, berapa, kapan, kenapa, mengapa, bagaimana, yang mana)

1. ____________ harga tas ini?　800.000 yén.
2. ____________ dia tidak datang?　Karena ia sakit.
3. ____________ nama Anda?　Nama saya Taro Okamoto.
4. Dari ____________ kamu mendengar hal itu?
Dari temanku.
5. Dengan ____________ meréka pergi ke sekolah?
Dengan bis.
6. Dari ____________ ia datang?　Dari rumahnya.
7. ____________ Nyonya Sri tiba di Jakarta?　Kemarin.
8. ____________ rumah Anda?　Kecil.
9. ____________ Anda beli?　Yang besar.
10. ____________ saya boléh menélépon?　Tanggal 19.
11. ____________ kakak Anda masuk ke kamarnya?
Karena dia mau menonton TV.
12. Hari ____________ Anda akan pulang ke Indonésia?
Hari Kamis.
13. ____________ minuman itu?　Manis.
14. Di ____________ guru Anda tinggal?　Di Tokyo.
15. Jam ____________ Anda tidur tadi malam?　Jam 11
léwat 20 menit.
16. ____________ dia sukai, apel atau pisang?　Pisang.

II. 次の問いに答えなさい。

1. Berapa umur Anda?
2. Berapa nomor télépon Anda?
3. Anda membeli apa hari ini?
4. Siapa tidur di kamar besar?
5. Siapa bekerja di kantor?
6. Ke mana Anda akan pergi bésok?
7. Tahun berapa ayah Anda lahir?
8. Berapa orang ada di rumah Anda?
9. Siapa nama ibu Anda?
10. Dengan siapa Anda berbicara sekarang?
11. Keméja Anda warna apa?
12. Di mana Anda belajar bahasa Indonésia?
13. Kapan Anda akan pergi ke Indonésia?
14. Kenapa Anda minum bir?
15. Bagaimana kabar Anda?
16. Yang mana Anda sukai, daging atau ikan?

単語 68 DL

cara	「方法」	**nama**	「名前」
apel	「りんご」	**pisang**	「バナナ」
anggur	「ぶどう」	**arbéi, stroberi**	「いちご」
papaya	「パパイヤ」	**mangga**	「マンゴー」
jeruk	「みかん , かんきつ類」	**durian**	「ドリアン」
manggis	「マンゴスチン」	**rambutan**	「ランブータン」
minuman	「飲物」	**avokad, alpukat**	「アボカド」

menikah (nikah)	「結婚する」		
sakit	「病気の，痛い」		
siapa	「誰」	**apa**	「何」
mana	「どこ」	**berapa**	「いくつ，いくら」
kapan	「いつ」	**kenapa, mengapa**	「なぜ」
bagaimana	「どのように，いかに」	**yang mana**	「どちら」

コーヒーブレイク

雨期といっても，日本のように一日中雨が降っているのではなく，１～２時間，すごい勢いで降ると，あとはからっと晴れてしまいます。雨が降っている時，傘をさしても無駄。勢いが強くて雨が地面にはねかえり，まるで下から降っているようです。

多くのインドネシア人は傘を持たずに雨宿りをして雨がやむのを待ちます。雨傘は日傘として使われていることが多いようです。

Pelajaran 15

私が飲んだコーヒーは熱いです。

関係代名詞 ①

会話 69 DL

A: **Kopi yang saya minum panas.**
コピ ヤン サヤ ミヌ(ム) パナス
私が飲んだコーヒーは熱いです。

Yang mana Anda sukai, yang panas atau yang dingin?
ヤン マナ アンダ スカイ, ヤン パナス アタウ ヤン ディンギん
あなたは熱いのと，冷たいのとどちらが好きですか。

B: Saya suka yang panas.
サヤ スカ ヤン パナス
私は熱い方が好きです。

A: Saya suka kopi yang dingin.
サヤ スカ コピ ヤン ディンギん
私は冷たいコーヒーが好きです。

文法

◈ **yang**

(1) 形容詞の強調 ❶

rumah besar—rumah **yang** besar「大きな家」
mobil baru saya—mobil saya **yang** baru「私の新しい自動車」
orang tua miskin itu—orang tua **yang** miskin itu「その貧しい老人」

(2) 修飾語（代名詞を除く）が 2 語以上の場合

rumah **yang** sangat besar

⑶ 疑問詞（どちら）の一部

yang mana「どちら」

Yang mana Anda sukai, tas mérah atau tas putih?
（あなたは赤いかばんと白いかばんのどちらが好きですか）

Saya suka **yang** mérah.
「～のほう」の意で前に tas が省略されています。
= Saya suka tas yang mérah.

⑷ 関係代名詞

Roti **yang** saya makan kemarin tidak énak.
（私が昨日食べた〔ところの〕パンはおいしくありませんでした）

Perempuan **yang** berdiri di situ adalah ❷ kakak saya.
（そこに立っている〔ところの〕女の人は私の姉です）

◈ ada

⑴ 動詞（いる，ある）　　⑵ = there is (are)

⑴ Anak-anak **ada** di depan rumah saya.

⑵ **Ada** anak-anak di depan rumah saya.

☞ ada は⑴と⑵の両方の使い方があるので，主語の後ろにくる場合も文頭にくる場合もあります。

a. Teman saya ada di Indonésia.（私の友人はインドネシアにいます）

b. = Teman saya di Indonésia.

☞ b. のように動詞がなく，場所を示す di がある場合は動詞の “ada” が省略されています。❸

◈ 非常に

sangat / **amat** } tinggi

tinggi { **sekali** / **betul**

☞以上の４種類ですが，**sangat** と **amat** は必ず形容詞の前に，**sekali** と **betul** は形容詞の後ろにつけます。
この中で日常多く使われているのは **sangat** と **sekali** です。

☞「非常に」より一層強意の「〜すぎる」は **terlalu**
例 Pakaian ini **terlalu** mahal.（この服は高すぎます）

---

❶ 形容詞の強調ばかりでなく，疑問詞や代名詞を強調することもあります。
Siapa yang bawa?（持って来たのは誰ですか）
Saya yang bawa.（持って来たのは私です）

❷ 英語の be 動詞的役割を果たし，主部と述部の切れ目を明確にします。
「〜は」= ialah

❸ Teman saya ke Indonésia. のように動詞がなく場所を示すと ke がある場合は動詞 "pergi"（行く）が省略されています。
=Teman saya pergi ke Indonésia.

例文 70 DL

Rumah *yang* putih itu adalah rumah saya.（その白い家は私の家です）

Yang mana ayah Anda?（どちらがあなたのお父さんですか）

Yang tinggi.（背の高い方です）

Keréta api *yang* tiba di stasiun Tokyo datang dari Osaka.
（東京駅に到着した汽車は大阪から来ました）

Laki-laki *yang* duduk di kamar adalah kepala kantor saya.
（部屋で座っている男の人は私の社長です）

Adik saya di toko buku.（私の弟〔妹〕は本屋にいます）

Ada banyak kucing di belakang rumah saya.
（私の家のうらにたくさんのねこがいます）

Gunung Fuji adalah gunung *yang sangat* tinggi.
（富士山は非常に高い山です）

Sungai Bengawan Solo panjang *sekali*.
（ブンガワン・ソロ川は非常に長いです）

Kebun rumah saya *terlalu* kecil.（私の家の庭は小さすぎます）

問題

I. 次の会話を読んで訳しなさい。

Yanto: Hai, Rini, apa kabar?

Rini: Baik-baik saja. Yanto, mau pergi ke mana?

Yanto: Saya mau ke toko serba ada.

Rini: Kenapa?

Yanto: Karena buku tulis yang saya pakai sudah habis. Jadi saya mau membeli yang baru. Apakah kamu mau ikut saya?

Rini: Maaf, ya. Saya harus pulang karena ada yang menunggu saya di rumah.

Yanto: Sayang sekali. Dah!

Rini: Dah!

II. 次の文をインドネシア語に訳しなさい。

1. その高い木は公園にあります。
2. あなたは，パンとご飯のどちらが好きですか。
3. 私が寝る部屋は小さい。
4. ここにいる女の人は，インドネシア語を話すことができます。
5. その服は非常に値段が高い。
6. この部屋は明るすぎます。
7. 日本はアジアの中にあります。

III. イタリック体の単語から始めて文章を作りなさい。

1. menerima / Rabu / saya / surat / *Hari* / yang lalu / dari teman saya / . /
2. *Ada* / di depan / kemarin / banyak orang / sekolah / . /
3. 60 / jam / *Satu* / dengan / sama / menit / . /
4. *Banyak* / taksi / menunggu / stasiun / di depan / orang / . /
5. *Berapa* / télépon / nomor / laki-laki itu / ? /
6. itu / *Gunung* / rendah / sangat / . /
7. buku / itu / sekali / *Harga* / mahal / . /
8. mana / Anda / *Yang* / mangga / durian / atau / sukai / ? /
9. *Bésok* / membeli / kuning / bunga / saya / yang / . /
10. *Pakaian* / terlalu / abu-abu / itu / besar / .

単語 72 DL

kepala	「頭，長」
toko serba ada (toserba)	「百貨店」
gunung	「山」
sungai	「川」
taksi	「タクシー」
ikut	「従う，ついて行く」
menunggu (tunggu)	「待つ」
sayang	「残念な，もったいない」
habis	「なくなる，終了する」
dah	「バイバイ」
jadi	「だから」
sangat	「非常に，大変」
sekali	「非常に，大変」
terlalu	「あまりにも～すぎる」

Pelajaran 16

アリさんはお金を持っています。

所有を表す語

会 話 73 DL

A:	**Bapak Ali mempunyai uang.** バパッ(ク) アリ ム(ン)プニャイ ウアン	アリさんはお金を持っています。
B:	Apakah Pak Ali beranak 4 orang? アパカ パッ(ク) アリ ブルアナッ(ク) ウ(ン)パッ(ト)オラン	アリさんは子供が4人いますか。
A:	Ya, beliau ada 4 orang anak perempuan, dan ヤァ ブリオゥ アダ ウ(ン)パッ(ト)オラン アナッ(ク) プル(ン)プアん ダん	はい，あの方には4人の女の子がいます。
	tinggal di Azabu dengan keluarganya. ティンガる ディ アザブ ドゥンガん クるアルガニャ	そして家族と麻布に住んでいます。

文 法

◈ **所有を表す語**

mempunyai

Tuan Sujono sudah **mempunyai** istri.
（スジョノさんにはもう奥さんがいます）

Dia **mempunyai** 2 orang anak perempuan.
（彼には2人の娘がいます）

ada

Tuan Sujono sudah **ada** istri.

Dia **ada** 2 orang anak perempuan.

ber ＋ 名詞 ❷

Tuan Sujono sudah **ber**istri.

Dia **ber**anak perempuan 2 orang.

☞身につける物（帽子，ズボン，服，靴，メガネ，ネクタイなど）にberをつけると「それを身に付けている」という動詞になります。

例 *ber*topi　「帽子をかぶっています」
*ber*kacamata　「メガネをかけています」

☞乗り物にberをつけると「それに乗っている」という動詞になります。
例 bermobil「自動車に乗っています」

◈ **呼びかけの語**

☞日本では相手に呼びかける言葉がないので，「すみませんが…」などと言いますが，インドネシアでは相手の年齢，職業などによって呼び分けます。

Pak	Bapakの省略形で年配者か，地位の高い男性に対して。
Bu	Ibuの省略形で年配者か，地位の高い女性に対して。
Mas, Bang	レストランのウェイター，男子店員，運転手などの20代ぐらいまでの男性か，「おにいさん」という気持ちで親しく呼びかけられる人に対して。
Sus, Mbak	レストランのウェイトレスや女店員などの若い女性に対して。
Dik	レストランのウェイター，新聞売りなどの10代の子供に対して。
Nak	小学生低学年くらいまでの子供に対して。

---

❶ ～のもの：punya～

例 Jam ini **punya** siapa?　（この時計は誰のものですか）
Punya saya.　（私のものです）

❷ berの後ろにつく名詞がrで始まる時は，berのrは消えます。

例 ber + roda → beroda（タイヤを持つ）

Orang kaya itu *mempunyai* 4 buah mobil
（その金持ちは 4 台の自動車を持っています）
Kebun ini *be*rpohon 10 batang.（この庭には 10 本の木があります）
Dia *ber*celana cokelat.（彼は茶色いズボンをはいています）
Kamus ini *ada* 1032 halaman.（この辞書は 1032 ページあります）
Tas ini *punya* siapa?（このかばんは誰のものですか）
Punya saya.（私のものです）
Mas, minta kopi panas.（おにいさん，ホットコーヒーを下さい）
Sus, saya mau melihat kain hijau itu.
（おねえさん，私はその緑色の布を見たいのですが）

問題

I. 次の文を日本語に訳しなさい。

1. Rumah orang itu belum berkamar mandi.
2. Karena tidak ada uang, saya tidak bisa membeli mobil.
3. Saya suka berambut péndék.
4. Dia belum beristri karena masih muda.
5. Anak laki-laki itu tidak berkaus kaki.
6. Bapak Suyoko memakai keméja berlengan panjang.
7. Adik saya berpakaian mérah ke sekolah.
8. Anaknya tidak mau berkacamata dan bertopi.
9. Nyonya Yanti belum beranak.
10. Perempuan itu belum bersuami.
11. Teman saya sudah mempunyai télévisi berwarna.
12. Saya mempunyai teman di Jakarta.
13. Manusia mempunyai 2 telinga, 2 mata, 1 hidung dan 1 mulut.
14. Rumah saya mempunyai kebun yang kecil.

15. Indonésia sudah mempunyai banyak gedung tinggi.
16. Siapa sudah mempunyai pacar di dalam kelas ini?
17. Semua orang tidak mempunyai uang.
18. Tidak semua orang mempunyai vidéo.
19. Saya belum mempunyai komputer.
20. Orang yang tidak mempunyai karcis, tidak boléh masuk.

II. 次の文を読んで訳しなさい。

Keluarga saya

Saya mempunyai ayah, ibu dan 2 orang adik laki-laki. Nama ayah saya Muhamad, dan umurnya 50 tahun. Beliau bekerja di kantor dagang selama 25 tahun. Ayah saya tiap hari bangun jam 6 pagi, dan pergi ke kantor jam setengah 8 dengan mobil.

Nama ibu saya Nana, dan umurnya 45 tahun. Ibu tiap hari bangun jam setengah 6 dan memasak nasi. Beliau senang memasak.

Adik laki-laki saya ada 2 orang. Yang satu bernama Yusuf; dan yang satu lagi bernama Yudi. Yusuf duduk di bangku SMA, dan berteman banyak. Yudi duduk di bangku SMP, dan senang membaca buku di rumah.

Nama saya Sunder, umur saya 22 tahun. Saya belajar di Fakultas Sastra Univérsitas Indonésia. Saya ingin menjadi guru.

Rumah kami ada di Jalan Cikatomas. Rumah itu tidak besar, tetapi bersih. Di depan dan di belakang rumah saya ada kebun yang besar. Di kebun ada pohon pisang dan pohon mangga. Di kiri rumah kami ada kantor polisi dan di kanannya ada SD. Tiap pagi banyak murid SD léwat depan rumah kami.

❖ 単語 76 DL

kepala「頭」
rambut「髪の毛」
alis「眉毛」
bulu mata「まつげ」
mata「目」
hidung「鼻」
kumis「口ひげ」
lidah「舌」
mulut「口」
léhér「首」
bibir「唇」
telinga「耳」
wajah, muka「顔」
pipi「ほほ」
gigi「歯」
bibir「唇」

topi	帽子	**dasi**	「ネクタイ」
SMA, SMU	「高等学校」	**SMP**	「中学校」
SD	「小学校」	**fakultas**	「学部」
bangku	「ベンチ」	**gedung**	「建物, ビルディング」
sastra	「文学」	**komputer**	「コンピュータ」
pacar	「恋人」	**halaman**	「ページ，庭」
dagang	「商売」	**kain**	「布」
menjadi (jadi)	「～になる」	**léwat**	「通過する」
senang	「楽しい」	**sedih**	「悲しい，さびしい」

yang satu~, yang satu lagi~「1つは～，もう1つは～」

mempunyai	「所有する」	**manusia**	「人間，人類」

Pelajaran 17

食事のあとで私はテレビを見ます。

よく使われる言い回し ①

会話 77 DL

A: ***Sesudah*** **makan, saya** ススダ　マカん　サヤ **menonton télévisi.** ムノントん　テれフィスィ	食事のあとで，私はテレビを見ます。
Bagaimana Anda? バガイマナ　アンダ	あなたはどうしますか。
B: Saya belajar bahasa サヤ　ブらジャル　バハサ Indonésia *sambil* mendengarkan インドネシア　サンビる　ムンドゥンガルカん radio. ラディオ	私はラジオを聞きながらインドネシア語を勉強します。
Dan *kalau* masih ada ダん　カろウ　マスィ　アダ waktu, saya ingin pergi ワクトゥ　サヤ　インギん　プルギ menonton film. ムノントん　フィル(ム)	そして，もしまだ時間があれば，映画を見に行きたいと思っています。
A: Apakah Anda akan pergi アパカ　アンダ　アカん　プルギ *meskipun* hujan? ムスキプん　ウジャん	雨でも行きますか。

文法

◈ よく使われる言い回し

sesudah~「～のあとで」（= setelah）

Saya mandi **sesudah** minum kopi.
（コーヒーを飲んだあとで私はお風呂に入ります）

sebelum~「～の前に」

Dia membaca koran **sebelum** tidur.（寝る前に彼は新聞を読みます）

kalau~「もし～ならば」

Kalau mempunyai uang, saya membeli mobil.
（もしお金を持っていたら，私は自動車を買います）

Kalau bisa, saya mau minum bir.
（もしできれば，私はビールを飲みたいです）

Kalan begitu, saya tidak usah bertemu dengan orang itu.
（もしそうなら，私はその人に会う必要がありません）

waktu~「～の時」（= ketika）

Waktu saya ada di kantor, hujan turun.
（私が会社にいる時，雨が降りました）

Waktu saya masih kecil, nénék saya meninggal.
（私がまだ小さい時，祖母は亡くなりました）

meskipun~「たとえ～でも」（= walaupun, biarpun）

Meskipun hujan, saya pergi ke sekolah.
（たとえ雨でも，私は学校へ行きます）

Walaupun panas, dia harus bekerja.
（たとえ暑くても，彼は働かねばなりません）

sambil~「～しながら」

Dia menonton TV **sambil** merokok.
（彼はタバコを吸いながらテレビを見ます）

selama~「～の間」

Adik saya bermain di luar rumah **selama** saya belajar di dalam kamar.

（私が部屋で勉強している間，私の弟〔妹〕は家の外で遊んでいました）

Perempuan itu sudah tinggal di Jakarta **selama** 10 tahun.

（その女の人は 10 年間ジャカルタに住んでいます）

例文 78 DL

Sesudah belajar bahasa Indonésia, saya bermain tenis.

（インドネシア語を勉強したあとで，私はテニスをします）

Sebelum merokok, dia menélépon.

（タバコを吸う前に，彼は電話をします）

Kalau ada waktu, saya mau mengunjungi teman saya.

（もし時間があれば私は友人を訪問したいのです）

Ketika saya tinggal di Indonésia, kakak saya mengajar di Amérika.

（私がインドネシアに住んでいた時，私の兄〔姉〕はアメリカで教えていました）

Meskipun tidak mempunyai uang, dia selalu tersenyum.

（お金はなくとも彼はいつもほほえんでいます）

Sambil makan kué, ayahnya membaca surat.

（お菓子を食べながら，彼のお父さんは手紙を読んでいます）

Selama saya belajar, dia sering masuk ke kamar saya.

（私が勉強している間，彼はしばしば私の部屋へ入ってきました）

問題

I. 次の文をインドネシア語に訳しなさい。

1. パンを食べたあとで，弟は大学へ行きます。
2. 電話をかけたあとで，あなたは勉強しなければなりません。
3. 会社へ行く前に，私はごはんを食べます。

4. インドネシアへ出発する前に姉はお金を両替します。
5. もし腹痛ならば，薬を飲まなければなりません。
6. もしアリさんに会ったら，私はこの本をあげます。
7. 私が会社にいる時，彼は電話をします。
8. 彼女が大学で勉強している時，私は会社で働いています。
9. 若くないけれども，父はテニスをするのが好きです。
10. たとえ奥さんがいなくても，彼は家へ帰ります。
11. テレビを見ながら，私はアイロンをかけます。
12. 会社で働きながら，私はインドネシア語を勉強しています。
13. 彼は 15 年間，この会社で働いています。
14. 私がお風呂に入っている間，私の妻は料理を作ります。

II. 次の文を読んで訳しなさい。

Pembantu saya

Nama pembantu saya, Atun. Atun mempunyai 2 orang adik. Sebelum bekerja di rumah saya, dia bekerja di rumah orang Belanda. Waktu dia masih bekerja di rumah orang Belanda, orang tuanya meninggal.

Selama 3 hari ini Atun sakit kepala. Meskipun begitu, dia sedang menyeterika sambil mendengarkan radio. Kalau saya meminta bantuannya, dia selalu menolong saya.

Hari libur dia mengunjungi temannya, dan jam 6 soré, dia kembali ke rumah saya.

nénék	「祖母」	**kakék**	「祖父」
hujan	「雨」	**obat**	「薬」
bantuan	「手助け」	**liburan**	「休暇，休み」
sakit perut	「腹痛の」	**sakit kepala**	「頭痛の」
sakit gigi	「歯痛の」	**sakit lambung**	「胃痛の」
sakit hati	「心が傷ついた」		
selalu	「いつも，常に」	**sering**	「しばしば」
kadang-kadang	「ときどき」		
begitu	「そのように」		
tersenyum	「ほほえむ」		
meninggal (tinggal)	「死亡する」	**merokok (rokok)**	「タバコを吸う」
menélépon (télépon)	「電話する」	**mengunjungi (kunjung)**	「訪問する」
menolong (tolong)	「救う，助ける」	**menyeterika (seterika)**	「アイロンをかける」
menukar (tukar)	「交換する」		
mengganti (ganti)	「取りかえる」		
berubah (ubah)	「変化する」		

Pelajaran 18
ジャカルタへ行くためインドネシア語を勉強します。
よく使われる言い回し ②

会話 81 DL

A: **Saya belajar bahasa Indonésia *untuk* pergi ke Jakarta.**
サヤ ブらジャル バハサ インドネシア ウントゥッ(ク) プルギ ク ジャカルタ
私はジャカルタへ行くためにインドネシア語を勉強します。

B: Oh, begitu. Saya mendengar *bahwa* Anda akan ke Indonésia pada akhir bulan ini.
オゥ ブギトゥ サヤ ムンドゥンガール バフワ アンダ アカん ク インドネシア パダ アヒール ブらん イニ
あーそうですか。私はあなたが今月末にインドネシアへ行くと聞いています。

A: Ya, betul. Saya memberi saputangan ini kepada Anda *supaya* Anda tidak melupakan saya.
ヤァ ブトゥる サヤ ム(ン)ブリ サプタンガん イニ クパダ アンダ スパヤ アンダ ティダッ(ク) ムるパカん サヤ
はい，その通りです。あなたが私を忘れないように，このハンカチをあげます。

B: Terima kasih banyak.
トゥリマ カスィ バニャッ(ク)
大変ありがとうございます。

Dan selamat jalan.
ダん スらマッ(ト) ジャらん
いってらっしゃい。

文 法

◆ よく使われる言い回し

untuk~「～のために」

Anak itu masuk ke kamar **untuk** menonton vidéo.
（その子供はビデオを見るために部屋へ入ります）

Saya membeli kalung ini **untuk** pacar saya.
（私は恋人のためにこのネックレスを買います）

bagi~「～にとって」

Buku ini sangat baik **bagi** anak-anak.
（この本は子供たちにとって大変よいです）

bahwa~「～ということを」（英語の that と同じ）

Dia berkata **bahwa** dia sudah pernah pergi ke Jérman.
（彼はドイツへ行ったことがあると言いました）

supaya~「～するように」(= agar)

Dia belajar **supaya** bisa masuk univérsitas.
（彼は大学へ入学できるように勉強します）

Saya menunggu di sini **agar** tidak bertemu dengannya.
（私は彼に会わないように，ここで待ちます）

asal~「～さえすれば」

Anda boléh pergi **asal** cepat pulang.
（早く帰りさえすれば行ってもいいです）

hampir~「（ほとんど）～しそう」

Anak itu **hampir** jatuh di tangga.
（その子供は階段でころびそうになりました）

seperti~「まるで～のよう」

Rumah tante saya **seperti** istana.
（私のおばさんの家はまるで宮殿のようです）

例文 82 DL

Saya bekerja *untuk* keluarga saya.（私は私の家族のために働きます）
Hal itu penting sekali *bagi* saya.
（そのことは私にとって非常に重要です）
Saya tahu *bahwa* dia sudah menikah.
（私は彼がすでに結婚していることを知っています）
Kami tidur cepat *supaya* bisa bangun pagi-pagi.
（朝早く起きられるように私たちは早く寝ます）
Anda boléh bermain dengan teman Anda *asal* sesudah itu belajar.
（あとで勉強さえすれば友だちと遊んでもいいです）
Orang itu *hampir* pingsan di depan rumah saya.
（その人は私の家の前で気絶しそうになりました）
Laki-laki itu bekerja *seperti* lebah.
（その男の人は蜂のように働きます）

問題

I. 次の文をインドネシア語に訳しなさい。

1. 私は両替するために銀行へ行きます。
2. その女の人は夫のために料理を作ります。
3. この問題は生徒にとって難しい。
4. インドネシアは日本にとって大変重要です。
5. 私は彼がよい人であると信じています。
6. 社長は私に明日はここへ来ないと言いました。
7. その子供は母親にお金をねだりました。
8. 眠らないように，私はコーヒーを飲みます。
9. 私はやせるようにそのお菓子を食べません。
10. ふとりさえしなければ，ビールを飲んでもよいです。
11. その人は毒を飲みそうになりました。
12. その女の子の涙はまるで真珠のようです。

II. 次の文を読んで訳しなさい。

Keluarga saya pergi ke Singapura untuk berbelanja

Keluarga saya terdiri dari 4 orang, yaitu ayah, ibu, kakak perempuan dan saya.

Pada awal bulan Agustus kami pergi ke Singapura untuk berbelanja.

Singapura adalah kota ramai seperti Tokyo. Ketika kami hampir sampai di Toserba Isétan, kakak saya berkata bahwa dia mau makan dulu supaya kuat berjalan waktu berbelanja. Kami setuju, dan makan siang bersama di réstoran. Setelah itu kami masuk ke toko untuk berbelanja.

kalung	「ネックレス」	**tangga**	「階段」
istana	「宮殿」	**lebah**	「蜂」
bank	「銀行」	**persoalan, masalah**	「問題」
racun	「毒」	**air mata**	「涙」
kepala kantor	「社長」	**pajak**	「税金」
cepat	「速い」	**penting**	「重要な」
kurus	「細い，やせた」	**gemuk**	「ふとった」
pingsan	「気絶する」		
dulu	「以前（動詞の前にくる場合）」 「先に（動詞の後ろにくる場合）」		
bersama	「一緒に」	**yaitu**	「すなわち」
jatuh	「ころぶ，落ちる」	**berkata**	「言う」
kenal	「知り合う」	**tahu**	「知る」
percaya	「信じる」	**ramai**	「にぎやかな」
melupakan (lupa)	「忘れる」	**menikmati (nikmat)**	「満喫する」
pagi-pagi	「朝早く」	**malam-malam**	「夜遅く」
satuju	「賛成する」	**berbelanja (belanja)**	「買い物する」
pada awal~	「～の初旬」		
pada pertengahan~	「～の中旬」		
pada akhir~	「～の下旬」		

Pelajaran 19

薬を飲んだほうがいいです。

よく使われる言い回し ③

会話 85 DL

A: ***Lebih baik*** **minum obat.**
るビ バイ(ク) ミヌ(ム) オバッ(ト)
薬を飲んだほうがいいですよ。

B: Ya, tetapi *biasanya* saya tidak minum obat. *Mungkin* sebentar lagi sembuh.
ヤァ トゥタピ ビアサニャ サヤ ティダッ(ク) ミヌ(ム) オバッ(ト) ムンキん スプンタール らギ スンブ
はい。でも普通，私は薬を飲みません。多分，もう少しで回復します。

A: *Tidak mungkin.* Anda *kelihatannya* sakit.
ティダッ(ク) ムンキん アンダ クリハタンニャ サキッ(ト)
ありえません。あなたは病気のように見えます。

文法

◆ **よく使われる言い回し**

lebih baik~「～したほうがよい」

Lebih baik tidur sekarang.（今，寝たほうがよい）
Lebih baik hidup daripada mati.
（死ぬより生きていたほうがいいです）
Lebih baik Indonésia menekankan ékspor.
（インドネシアは輸出に力を入れたほうがいいです）

biasanya~「普通は～」

Biasanya suami saya makan malam di rumah.
（普通，私の夫は夕食を家で食べます）

mungkin「多分」

Mungkin dia datang jam 7 malam（多分彼は夜7時に来ます）
Apakah perempuan itu orang Indonésia?
（その女の人はインドネシア人ですか）
Ya, **mungkin**.（はい，多分）

tidak mungkin「ありえない」

Tidak mungkin dia makan daging ini.
（彼がこの肉を食べることはありえません）
Apakah laki-laki itu bisa memasak?
（その男の人は料理を作れますか）
Tidak mungkin.（ありえません）

oléh karena itu~「それゆえ～」（= oléh sebab itu, sehingga, jadi）❶

Hari ini hujan. **Oléh karena itu** saya tidak bermain golf.
（今日は雨です。それゆえ私はゴルフをしません）
Adik perempuan saya suka buah, **jadi**❶ saya membelinya untuk adik.
（私の妹は果物が好きです，だから私はそれを妹のために買います）
Kemarin hujan deras di Bogor, **sehingga** banjir di Jakarta hari ini.
（昨日ボゴールで大雨が降ったので今日ジャカルタは洪水になりました）

kelihatannya~「～のように見える」

Anak itu **kelihatannya** masih kecil.
（その子供はまだ小さく見えます）

---

❶ "jadi" は会話的なくだけた言い方。

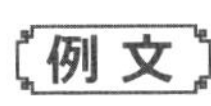

Lebih baik pergi sekarang karena tidak hujan.
（雨が降っていないので，今行ったほうがいいです）
Biasanya dia bangun jam 6 pagi.（普通，彼は朝6時に起きます）
Mungkin bésok hujan.（たぶん，明日は雨です）

Tidak mungkin dia pergi ke Dén Pasar.
（彼がデンパサールへ行くことはありえません）
Kami sibuk hari ini. *Oléh* karena itu tidak bisa pergi ke pésta itu.
（私たちは今日忙しいです。ゆえにそのパーティーへ行くことができません）
Orang miskin itu *kelihatannya* tidak makan apa-apa.
（その貧しい人は何も食べていないように見えます）

問 題

I. 次の文をインドネシア語に訳しなさい。

1. 明日行ったほうがよいです。
2. 病気なので家で寝たほうがよいです。
3. 普通，父は 5 時まで会社で働きます。
4. たぶん母は今日モールへ行きます。
5. たぶんあの人は先生ではないでしょう。
6. 彼がそこへ行くことはありえません。
7. 運転手は今日来ません。だから私は会社へタクシーで行きます。
8. 母は病気で寝ています。だから私は料理を作らなければなりません。
9. その金持ちは病気のように見えます。
10. その服はすてきに見えます。

II. 次の文を読んで訳しなさい。

Di kantor polisi

Sarini: Aduh, uang saya hilang.

Amir: Lebih baik pergi ke kantor polisi.

—di kantor polisi—

Polisi: Ada apa, Nona?

Sarini: Uang saya hilang di bank. Biasanya saya menyimpan uang di dalam dompét ini, tetapi sekarang isinya tidak ada.

Polisi: Mungkin terjatuh waktu Nona mengambil uang dari dompét.

Sarini: Tidak mungkin, karena hari ini saya belum mengeluarkan uang. Oléh karena itu saya datang ke sini untuk minta bantuan Bapak polisi.

Polisi: Kelihatannya uang Nona ada di dalam saku pakaian Nona.

Sarini: Oh, ya. Saya lupa sudah memasukkan uang ke dalam saku tadi pagi.

pésta	「パーティー」	**dompét**	「財布」
isi	「内容，中身」	**saku**	「ポケット」
ékspor	「輸出」	**impor**	「輸入」
sibuk	「忙しい」	**mal**	「モール」
sembuh	「回復する」	**mati**	「死ぬ」
hilang	「なくなる，消える」	**terjatuh**	「(思わず) 落ちる，ころぶ」
menyimpan (simpan)	「しまう，保管する」	**mengambil (ambil)**	「取る」
memasukkan (masuk)	「入れる」	**mengeluarkan (keluar)**	「出す」
menekankan (tekan)	「力を入れる，重点を置く」	**oh, ya**	「ああ，そう (感嘆詞)」
kantor polisi	「警察署」	**sebentar lagi**	「もう少し(時間が)」
daripada~	「～よりも」	**tidak~ apa-apa**	「何も～でない」

Pelajaran 20
その女性はますます美しくなりますね。
よく使われる言い回し ④

会話 89 DL

A:	**Wanita ❶ itu *makin* lama** ワニタ イトゥ マキん らマ ***makin* cantik, bukan?** マキん チャンティッ(ク) ブカん	その女性はますます美しくなりますね。
	Apalagi adiknya. アパらギ アディッ(ク)ニャ	ましてや彼女の妹は。
B:	Ya, *dua-duanya* cantik. ヤァ ドゥア ドゥアニャ チャンティッ(ク)	はい，2人ともきれいです。
	Bagaimana istri Anda? バガイマナ イストゥリ アンダ	あなたの奥さんはどうですか。
A:	Ya, begitulah. ヤァ ブギトゥら	はい，まあそんなところです。

文法

◈ **よく使われる言い回し**

makin~makin~「～になるほど～である」

Orang itu **makin** tua **makin** gemuk.
（その人は年をとればとるほどふとってきます）

Rambut saya **makin** lama **makin** panjang.
（私の髪の毛はますます長くなります）

apalagi~「ましてや～」

Laki-laki pun tidak bisa mengangkatnya, **apalagi** perempuan.
（男の人でさえそれを持ち上げられません，ましてや女の人では）

dua-duanya ❷「両方とも」

Kopi dan téh. Saya suka **(ke)dua-duanya**.
(コーヒーとお茶。私は両方とも好きです)

lumayan「まあまあです」

Apakah ikan itu énak?（その魚はおいしいですか）
Lumayan.（まあまあです）

mémang「当然」

Mémang anak itu sudah duduk di bangku SD.
(当然その子供は，もう小学生です)
Apakah Anda bekerja di kantor hari ini?
(あなたは今日，会社で働きますか)
Mémang.（当然です）

se 形容詞 ＋ **mungkin**「できる限り～」

Saya belajar bahasa Inggris **sekeras mungkin**.
(私はできる限り一生懸命に英語を勉強します)

---

❶ wanita は「女性」，perempuan は「女」。インドネシアでは多くのお手洗のドアに perempuan ではなく wanita と書かれています。男性は pria.

❷ tiga-tiganya「3つとも」

例文 90 DL

Hujan *makin* lama *makin* deras.（雨はますますひどくなります）
Ibu saya sudah tua, *apalagi* ayah saya.
(私の母はもう年とっています。ましてや私の父は)
Dua-duanya murid saya.（両方とも，私の生徒です）
Anjing itu *(ke)tiga-tiganya* berwarna hitam.
(その犬は3匹とも黒い色です)
Kué ini énak, dan kué itu *lumayan*.
(このお菓子はおいしいです。そしてそのお菓子はまあまあです)

Mémang aku bisa berbicara bahasa Inggris.
（当然，僕は英語を話すことができます）
Kamu harus datang *se*cepat *mungkin*.
（お前はできるだけ早く来なければなりません）

問題

I. 次の文をインドネシア語に訳しなさい。

1. あなたの子供はどんどん背が高くなります。
2. ますます寒くなります。
3. この服は高いです。ましてやその服は。
4. 運転手は英語を話すことができません。ましてやインドネシア語は。
5. 2人とも，今帰ってもいいです。
6. そのいすは3脚とも小さいです。
7. その肉はおいしいですか。まあまあです。
8. このオートバイはまあまあですが，その自転車は大変安いです。
9. 彼は当然，もう結婚しています。
10. あなたはインドネシア語を話すことができますか？　当然です。
11. あなたはできる限り早く手紙を書かなければなりません。
12. その男性はできる限り多く薬を飲みます。

II. 次の文を読んで訳しなさい。

Di kantor pos

Ibu Déwi: Saya mau mengirim surat ini secepat mungkin.

Pegawai kantor pos: Kalau begitu, lebih baik mengirim dengan pos kilat.

Ibu Déwi: Ya, saya mau mengirim kedua-duanya dengan pos kilat.

Pegawai kantor pos: Ongkosnya Rp. 80.000.

Ibu Déwi: Mahal sekali.

Pegawai kantor pos: Mémang. Makin berat surat, makin mahal ongkosnya, apalagi surat ke luar negeri.

wanita	「女性」	**pria**	「男性」
kantor pos	「郵便局」		
pos kilat	「速達」	**ongkos**	「料金，費用」
cantik	「美しい（女性が）」	**énak**	「おいしい」
keras	「固い，強い」	**empuk**	「やわらかい」
lain	「他の」	**deras**	「ひどい（雨が）」
mengangkat (angkat)	「持ち上げる」	**mengirim (kirim)**	「送る」

Pelajaran 21

それらの木々は高いです。

複数形

会話 93 DL

A:	**Pohon-pohon itu tinggi.** ポホん ポホん イトゥ ティンギ	それらの木々は高いです。
B:	Yang mana? ヤン マナ	どれですか。
A:	Yang ada di taman itu. ヤン アダ ディ タマん イトゥ	その公園にあるのです。
B:	Di bawahnya banyak ディ バワニャ バニャッ(ク) orang duduk, bukan? オラン ドゥドゥッ(ク) ブカん	その下に多くの人が座っていますね。

文法

◈ **複数形**

⑴ 名詞を2回くり返す

Anak-anak itu bermain di belakang rumah.
（その子供たちは家の裏で遊びます）
Guru itu sedang memberi kuliah kepada *mahasiswa-mahasiswa*.
（その先生は今，大学生たちに講義をしています）
Bapak-bapak dan *Ibu-ibu*!（紳士，淑女の皆様！）

⑵ 形容詞を2回くり返す

Kami makan kué yang *énak-énak*.
（私たちはおいしいお菓子を食べます）
Pegawai kantor saya *cantik-cantik*.（私の会社の社員は皆きれいです）
Saya melihat gunung yang *tinggi-tinggi*.（私は高い山々を見ます）

Di toko itu ada pakaian yang *bagus-bagus*.
（その店にすてきな服があります）

⑶ 複数を示す語を用いる

Tiga ékor anjing tidur di kebun.（3 匹の犬が庭で寝ています）
Banyak orang ada di kantor itu.（多くの人がその事務所にいます）
Sedikit mahasiswa belajar bahasa Indonésia.
（少しの大学生がインドネシア語を勉強します）
Semua pegawai negeri tidak masuk kantor hari ini.
（すべての公務員が今日出勤しません）
Beberapa hari yang lalu dia tiba di Tokyo.
（数日前彼は東京に到着しました）
Para karyawan berkumpul di pabrik.（労働者たちが工場に集まります）

⑷ 単数形のまま（常識でわかるもの）

Manusia mempunyai *kaki* untuk berjalan.
（人類は歩くために足を持っています）
Gigi harimau tajam.（トラの歯は鋭いです）

◈ **回数**

kali「回，度」

Saya mandi 7 **kali** seminggu.（私は 1 週間に 7 回お風呂に入ります）
Dia pergi ke Padang untuk ketiga **kali**.
（彼はパダンへ行くのは 3 回目です）
Lain **kali** tamu saya akan pergi.（次回，私のお客さんが行きます）
Berapa kali sehari Anda minum kopi?
（1 日何回あなたはコーヒーを飲みますか）
　Saya minum koli 2 kali sehari.
　（私は 1 日に 2 回コーヒーを飲みます）

例文

(94 DL)

Kamar-kamar hotél itu besar.（そのホテルの部屋は大きいです）

Mahasiswa di dalam kelas ini *pintar-pintar*.

（このクラスの大学生は皆頭がいいです）

Beberapa orang pegawai kantor saya tidak masuk karena sakit.

（私の数人の社員は病気のため欠勤しました）

Orang Jepang suka makan ikan.（日本人は魚を食べるのが好きです）

Orang biasa makan 3 *kali* sehari.（普通の人は1日3回食事をします）

Saya makan daging kambing untuk pertama *kali*.

（私は山羊の肉を食べるのは初めてです）

問題

I. 次の文を日本語に訳しなさい。

1. Beberapa orang karyawan bekerja sampai pagi.
2. Mébel-mébel itu akan sampai di rumah saya bésok.
3. Semua murid sudah berdiri di depan sekolah untuk menunggu tamu yang datang dari daérah.
4. Murid yang pintar-pintar naik kelas.
5. Dia kadang-kadang menerima surat yang panjang-panjang dari pacarnya.
6. Di kantor-kantor itu tidak ada pegawai yang muda.
7. Kami membeli karcis untuk menonton film.
8. Kalau Anda mau naik bis dari sini, lebih baik datang 10 menit sebelumnya.
9. Émma sudah tiga kali berjalan-jalan ke Singapura.
10. Dua pertiga dari pegawai saya terdiri dari pria.
11. Kuliah saya dimulai pada jam kedua.
12. Buku-buku itu ada di perpustakaan.

13. Banyak menteri berangkat ke New York.
14. Para hadirin memakai pakaian mahal-mahal
15. Lain kali saya menulis surat yang panjang.
16. Wartawan itu pergi ke luar negeri 2 kali sebulan.

II. 次の会話を読んで訳しなさい。

Yanto: Selamat pagi, Nona Rina.

Rina: Selamat pagi, Mas Yanto. Mas mau ke mana?

Yanto: Saya mau ke pasar swalayan untuk membeli makanan. Oh, ya, Nona Rina kenal Tuan Tanaka, bukan?

Rina: Ya, saya kenal Tuan dan Nyonya Tanaka. Kenapa?

Yanto: Nanti malam saya mengundang meréka ke rumah saya, karena meréka sebentar lagi akan kembali ke Jepang. Apakah Nona Rina bisa datang jam 7 malam?

Rina: Terima kasih. Saya pasti datang untuk mengucapkan terima kasih kepada meréka. Karena selama ini meréka selalu baik kepada saya. Berapa tahun meréka tinggal di Jakarta?

Yanto: Lima tahun. Tuan Tanaka bekerja di perusahaan patungan di Jalan Thamrin. Sedangkan Nyonya Tanaka mengajar bahasa Jepang kepada saya selama 3 tahun.

Rina: Oh, begitu. Sekarang saya harus pergi ke rumah sakit menéngok teman saya. Sampai bertemu nanti malam. Salam saya kepada ibu Mas Yanto, ya.

Yanto: Terima kasih. Dah!

単語 96 DL

pegawai negeri	「公務員」	**pegawai kantor**	「会社員」
karyawan	「労働者，勤労者」	**wartawan**	「新聞記者」
harimau	「トラ」	**tamu**	「客」
kelas	「クラス」	**daérah**	「地方」
perpustakaan	「図書館」	**mébel**	「家具」
menteri	「大臣」	**hadirin**	「出席者」
perusahaan patungan	「合弁企業」	**makanan**	「食べ物」
beberapa	「いくつかの」	**kuliah**	「(大学の) 講義」
tajam	「鋭い」	**biasa**	「普通の」
pasti	「確かに，必ず」	**berkumpul**	「集まる」
berjalan-jalan	「散歩する」	**memulai (mulai)**	「始まる」
naik	「登る，乗る，上がる」	**turun**	「降りる，下がる」
mengundang (undang)	「招待する」	**menéngok (téngok)**	「見舞う」
sedangkan	「ところが一方」		
mengucapkan (ucap)	「申し述べる」	**lain**	「他の」
toko swalayan	「スーパーマーケット」		

Pelajaran 22

私は喜んで行きます。

副詞

会話 97 DL

A:	**Saya pergi dengan senang.** サヤ プルギ ドゥンガん スナン	私は喜んで行きます。
	Apakah Anda juga pergi ke pésta itu? アパカ アンダ ジュガ プルキ ク ペスタ イトゥ	あなたも，そのパーティーへ行きますか。
B:	Tidak, saya tidak bisa pergi, karena harus bekerja dengan keras di kantor sampai malam. ティダッ(ク) サヤ ティダッ(ク) ビサ プルギ カルナ ハルス ブクルジャ ドゥンガん クラス ディ カントール サンパイ マら(ム)	いいえ，私は行けません。というのは夜まで会社で一生懸命働かなければいけませんから。
A:	Aduh, kasihan. アドゥ カシアん	ああ，それは残念です。

文法

◈ 副詞

形容詞の前に "**dengan**" もしくは "**secara**" ❶を入れます。

例 Saya pergi ke kantor **dengan** cepat.（私は急いで会社へ行きます）

Dia mengajar **secara** teratur.（彼は規則正しく教えます）

---

❶ secara は「〜の方法で」という意味を含み，dengan よりも形式ばった言い方です。

Anak itu mendengar naséhat ibunya *dengan sabar*.
（その子供はお母さんの忠告を我慢して聞きます）
Dia memeriksa barang itu *secara teliti*.
（彼はその品物を詳細に検査します）
Anda harus belajar bahasa Indonésia (*dengan) sungguh-sungguh*.
（あなたは真剣にインドネシア語を勉強しなければなりません）
Sénior saya berbicara *dengan keras*.
（私の先輩は声をはりあげて話します）
Saya bergaul dengan yunior saya *dengan akrab*.
（私は後輩と親密におつき合いしています）

問題

I. 次の文を日本語に訳しなさい。

1. Bésok kamu harus tidur dengan cepat.
2. Orang yang tua itu berjalan kaki dengan pelan-pelan.
3. Ibunya berbicara dengan jelas.
4. Pembantu saya membersihkan kamar dengan rajin.
5. Guru itu mengajar kimia secara sistematis.
6. Tadi saya mencuci muka di kamar mandi.
7. Ayah saya kembali ke rumah jam 12 siang untuk makan siang.
8. Orang miskin itu tidak makan selama 2 hari karena tidak ada uang.
9. Ani menulis surat kepada pacarnya dari Jakarta.
10. Hari Sabtu yang lalu suami saya membantu saya memasak di dapur.

II. 次の文を読んで訳しなさい。

Pergi sendiri ke kebun binatang

Saya pernah pergi ke kebun binatang bersama-sama dengan teman sekelas. Senang sekali kami pada waktu itu. Oléh karena itu saya ingin pergi sekali lagi, tetapi ayah dan ibu selalu sibuk. Demikian pula kakak saya. Oléh sebab itu saya memutuskan pergi sendiri.

Pada hari Minggu, pagi-pagi saya pergi ke kebun binatang dengan berbohong akan belajar di rumah teman sekelas. Alangkah senangnya saya duduk di bis kota dan membayar ongkos perjalanan kepada kondéktur. Saya merasa sudah déwasa.

Bukan main senangnya saya di kebun binatang. Yang lucu ialah orang hutan yang pandai merokok. Lama saya melihatnya dan memberi pisang kepadanya.

Saya kira ayah dan ibu akan senang mendengar bahwa saya sudah berani pergi sendiri ke kebun binatang. Saya tidak tahu bahwa meréka mencari dan menanyakan saya kepada teman-teman saya.

Waktu saya pulang dan menceritakan perjalanan saya hari itu, meréka marah. Tak seorang pun tertarik mendengar cerita saya.

単語 100 DL

sénior	「先輩」	**yunior**	「後輩」
kimia	「化学」	**dapur**	「台所」
kado	「プレゼント」	**kebun binatang**	「動物園」
déwasa	「大人」	**kondéktur**	「車掌」
naséhat, nasihat	「忠告」		
sendiri	「一人で」	**sabar**	「我慢する」
teratur	「規則正しい」	**sungguh-sungguh**	「真剣に」
teliti	「詳細な」	**pelan-pelan**	「ゆっくりと」
akrab	「親密な」	**sistématis**	「体系的な」
jelas	「明らかな，はっきりと」	**marah**	「怒る」
lucu	「おかしい，おもしろい」	**kasihan**	「かわいそうな」
yakin	「確か」	**kira**	「思う」
bergaul dengan~	「～と交際する」	**berbohong**	「うそをつく」
memeriksa (periksa)	「検査する」	**membayar (bayar)**	「支払う」
memutuskan (putus)	「決定する」	**membersihkan (bersih)**	「清潔にする」
menanyakan (tanya)	「尋ねる，質問する」	**menceritakan (cerita)**	「話をする」
tertarik	「興味を引かれる」	**perjalanan**	「旅行，行程」
alangkah	「あー，なんと(感嘆詞)」	**bukan main**	「あーなんと(感嘆詞)」
bersama-sama	「一緒に」		
demikian pula	「また同様に」	**tak seorang pun~**	「誰も～でない」
berani	「勇気のある」		

Pelajaran 23

私は父より背が高いです。

原級・比較級・最上級

会話 101 DL

A: **Saya lebih tinggi dari** サヤ るビ ティンギ ダリ	私は父より背が高いです。
(pada) ayah saya. パダ アヤ サヤ	
Bagaimana Anda? バガイマナ アンダ	あなたはどうですか。
B: Saya sama tinggi dengan サヤ サマ ティンギ ドゥンガん	私は父と同じぐらい背が高いです。
ayah. アヤ	
Tetapi paling tinggi di トゥタピ パリン ティンギ ディ	しかしクラスの中ではいちばん背が高いです。
dalam kelas. ダら(ム) クらス	
A: Saya juga begitu. サヤ ジュガ ブギトゥ	私もそうです。

文法

◈ **原級 sama + 形容詞 nya + dengan, se−形容詞**

肯定 Nina **sama gemuknya dengan** Atun.

Nina **se**gemuk Atun.
(ニナはアトゥンと同じぐらいふとっています)

否定 Nina **tidak se**gemuk Atun.
(ニナはアトゥンと同じぐらいはふとっていません)

◈ **比較級 lebih + 形容詞 + dari (pada)** ❶

肯定 Ayah saya **lebih** tua **dari (pada)** ibu saya.
（私の父は母より年とっています）

否定 Ibu saya **kurang** tua **dari (pada)** ayah.
Ibu saya **tidak lebih** tua **dari (pada)** ayah.
（私の母は父より年とっていません）

◈ **最上級 paling + 形容詞， ter−形容詞**

肯定 Nitra **paling** kecil di dalam keluarganya.
（ニトゥラは彼女の家族の中でいちばん小さいです）

Pulau yang **ter**besar ❷ adalah Honshu.
（いちばん大きな島は本州です）

---

❶ dari でも daripada でもかまいません。

❷ ter は最上級以外の意味もあるので（31 課で説明），paling を使ったほうが最上級とわかりやすい時もあります。

例文 102 DL

Érna *sama* pintarnya *dengan* kakaknya.
（エルナは兄〔姉〕と同じぐらい頭がいいです）
Tuti *se*besar adiknya.
（トゥティは彼女の弟〔妹〕と同じぐらいの大きさです）
Rumah Pak Hamidi *sama* besarnya *dengan* rumah kami.
（ハミディさんの家は私たちの家と同じぐらいの大きさです）
Tokyo *se*panas Roma.（東京はローマと同じぐらい暑いです）
Kamar saya *tidak se*gelap kamar adik.
（私の部屋は弟〔妹〕の部屋と同じぐらいの暗さではありません）
Pakaian putih tidak *se*mahal pakaian kuning.
（白い服は黄色い服と同じぐらいの高さではありません）
Kué ini *lebih* manis *dari* gula.（このお菓子は砂糖より甘いです）
Hokkaido *jauh lebih* dingin *daripada* Tokyo.
（北海道は東京よりはるかに寒いです）

Penduduk Jepang *kurang* banyak *daripada* penduduk Indonésia.
（日本の人口はインドネシアの人口より多くありません）
Barang ini *kurang* baik *daripada* barang itu.
（この品物はその品物よりよくありません）
Mahasiswa yang *paling* pintar di univérsitas ini adalah saya.
（この大学でいちばん頭がいい学生は私です）
Orang itu *paling* kaya di dalam kampung saya.
（その人は，私の田舎でいちばん金持ちです）
Inilah buku yang *ter*baik.（これこそがいちばんよい本です）
Gunung yang *ter*tinggi di Jepang adalah gunung Fuji.
（日本でいちばん高い山は富士山です）

問題

I. 次の文をインドネシア語に訳しなさい。

1. 戦前，広島は今よりも（景色が）美しかったです。
2. このレストランでは，紅茶はコーヒーと同じぐらいおいしいです。
3. この村は町より明るくありません。
4. 京都は大阪と同じぐらい寒いです。
5. 木のいすは鉄のいすと同じほどには強くありません。
6. 最も早くとも，彼がここに着くのは夜10時です。
7. 新幹線は普通の汽車よりはるかに速いです。
8. 北海道は日本でいちばん寒い地方です。
9. 私にとっていちばんおいしい食べ物は焼鳥です。
10. 私の会社はあなたの会社と同じぐらい古くはありません。
11. 学校の木は私の家の木より高くありません。
12. あなたがおととい食べたお菓子は外国のお菓子より甘いです。
13. 公園のお手洗いはその家のお手洗いと同じぐらいきれいです。
14. 世界でいちばん長い川はナイル川ですか。

II. 次の文を読んで訳しなさい。

Téd Smith, yang sudah beberapa bulan tinggal di Médan dan sudah bisa sedikit berbicara bahasa Indonésia, pada suatu hari masuk ke sebuahréstoran.

"Saya minta sepiring padi. Saya mau makan." katanya. Semua tamu, yang mendengar, tertawa. "Di sini tidak ada padi." jawab pelayan. "Tuan harus pergi ke sawah, di sana banyak padi."

Téd tahu, bahwa ia salah. "Oh, ya, saya minta beras." katanya lagi. Semua tertawa lagi. "Kami tidak menjual beras. Tuan harus pergi ke toko. Tuan mau makan, bukan? Ini satu piring nasi."

Sekarang Téd tahu, bahwa "rice" dalam bahasa Inggris mempunyai 3 arti. Ia ingat, padi bertumbuh di sawah, beras ada di toko. Ia sudah lapar, ia perlu nasi, kalau bisa yang panas.

(*How to Master the Indonesian Language* より)

pulau	「島」	**penduduk**	「人口」
perang	「戦争」		
kayu	「木材」	**besi**	「鉄」
luar negeri	「外国」	**kamar kecil, toilét, WC**	「お手洗い，トイレ」
saté ayam	「焼鳥」	**réstoran**	「レストラン」
padi	「稲」	**beras**	「米」
		sawah	「水田」
pelayan	「ウェイター，店員」	**arti**	「意味」
salah	「間違った」	**benar, betul**	「正しい，本当の」
indah	「(景色が)美しい」		
lapar	「空腹の」	**haus**	「のどがかわいた」
juga	「～もまた」	**bertumbuh (tumbuh)**	「育つ，成長する」
pada suatu hari	「ある日」	**ingat**	「思い出す，覚えている」
tertawa	「笑う」		

Pelajaran 24
昨日レストランへ行き，シティに会いました。
単純動詞・ber 動詞

会話 105 DL

A: **Kami pergi ke réstoran dan bertemu dengan Siti kemarin.**
カミ プルギ ク レストらん ダん ブルトゥム ドゥんガん シティ クマリん
昨日，私たちはレストランへ行き，シティに会いました。

B: Makan apa di situ?
マカん アパ ディ スィトゥ
そこで何を食べましたか。

A: Makan mie goréng dan gado-gado.
マカん ミー ゴレン ダん ガド ガド
焼きそばとガドガドを食べました。

B: Aduh, saya juga mau ikut. Kemarin saya bekerja di kantor sepanjang hari.
アドゥ サヤ ジュガ マウ イクッ(ト) クマリん サヤ ブクルジャ ディ カントール スパンジャン ハリ
あーあ, 私もついて行きたかったです。
昨日，私は一日中会社で働いていました。

文法

動詞は次の 3 種類に分けられます。

⑴ 単純動詞（語根のみ）

⑵ ber 動詞（語根の前に ber が付く）

⑶ me 動詞（語根の前に me が付く）

⑴ 単純動詞

◈ 自動詞

bangun	「起きる」	tidur	「寝る」
pergi	「行く」	datang	「来る」
masuk	「入る」	keluar	「出る」
naik	「乗る，登る，上がる」	turun	「降りる，下がる」
duduk	「座る」	jatuh	「落ちる，ころぶ」
hidup	「生きる」	mati	「死ぬ」
ingat	「思い出す，覚えている」	lupa	「忘れる」
pulang	「帰る」	kembali	「戻る」
maju	「進む」	mundur	「後退する」
tinggal	「住む」	pindah	「移動する」
lari	「走る，逃げる」	léwat	「通過する」
mandi	「お風呂に入る」	kawin	「結婚する」
singgah	「立ち寄る」	sampai	「到着する」
terbang	「飛ぶ」		

◈ 他動詞

makan	「食べる」	minum	「飲む」

⑵ ber 動詞 ❶〔ほとんどが自動詞です〕

◈ 自動詞

berangkat	「出発する」	berdiri	「立つ」
berbicara	「話す」	berkata	「言う」
bergerak	「動く」	berhenti	「止まる」
berjalan	「歩く」	bertemu	「会う」
bekerja ❷	「働く」	bertanya	「質問する」
berteriak	「叫ぶ」		

◈ **他動詞**

belajar ❸ 「勉強する」 bermain 「～で遊ぶ，（楽器を）弾く」

◈ **名詞の ber 動詞化**

- 語根が r で始まる時，ber の r は消えます。
  例 ber + roda → beroda（車輪を持つ）
- ber + 名詞：所有している，身につけている
  beristri（妻を持つ） bertopi（帽子をかぶっている）
- ber + 数字：（数字の数）で一緒に
  例 Kami **berdua** pergi ke bioskop.
  （私たちは **2** 人で映画館へ行きます）

---

❶ 日常会話では ber をつけず語根のまま使われる単語が多いです。
例 bicara, gerak, jalan, tanya, kerja, teriak, main など。

❷ **ber**kerja とはならないので注意。

❸ **ber**ajar とはならないので注意。

例 文 106 DL

Saya masih *ingat* waktu anjing saya mati.
（私は私の犬が死んだ時のことを今でも覚えています）
Saya tidak *lupa* membawa kamus ini.
（私はこの辞書を持って行くのを忘れません）
Murid itu *bertanya* kepada guru.（その生徒は先生に質問します）
Taksi itu *berhenti* di depan kantor polisi.
（そのタクシーは警察署の前で止まります）

問題

I. 次の下線部に適当な語を選び入れなさい。

1. Kapan harga minyak ______________ ?
2. Amin suka ______________ gunung.
3. Tahun yang lalu ada kapal terbang yang ______________ di Yokohama.
4. Waktu Armyn ______________ dari Amérika, dia ______________ di Hawaii.
5. Dia ______________ dengan orang tua di Tokyo.
6. Kalau belum ______________, tidak boléh ______________ nasi.
7. Orang itu ______________ rumah 5 tahun yang lalu.
8. Waktu polisi datang, anak nakal itu sudah ______________ .
9. Keréta api ini ______________ di stasiun Uéno jam 8 malam.
10. Nénék saya masih ______________ di kampung.
11. Kapal terbang itu ______________ ke Hong Kong.
12. Kamu tidak ______________ hal itu kepada orang lain.
13. Murid itu ______________ di depan guru.
14. Dia ______________ dari pagi sampai malam di kantor.
15. Saya ______________ dengan teman saya di toko itu.
16. Bus itu ______________ di belakang rumah sakit.
17. Kami ______________ bahasa Indonésia untuk pergi ke Jakarta.
18. Kepala kantor saya suka ______________ ténis.

berhenti / makan / bermain / singgah / bekerja / pindah /
berangkat / naik / lari / tinggal / hidup / kembali / berbicara /
jatuh / belajar / turun / berdiri / mandi / bertemu / sampai

II. 次の文を読み訳しなさい。 

Luas bumi kita 135.773.000 km^2 dan penduduknya 8 miliar. Pada abad pertama penduduk dunia hanya 250 juta orang. Selama 20 abad sudah menjadi 8 miliar. Mula-mula pertumbuhan itu sangat lambat. Penduduk dunia sampai abad ke-16 hanya setengah miliar. Sejak permulaan abad ke-18 tambahnya penduduk dunia menjadi sangat pesat. Dari tahun 1900 sampai 1950 hanya dalam 50 tahun saja, penduduk dunia bertambah satu miliar. Diperkirakan menjadi 9 miliar seratus juta pada pertengahan abad ke-21.

Indonésia termasuk empat besar yang banyak penduduknya. Urutannya RRC, India, Amérika Serikat dan Indonésia.

Penduduk pulau Jawa, Madura, Bali dan Lombok sangat padat sedangkan pulau-pulau lain seperti Sumatra, Kalimantan dan Papua masih jarang. Oléh karena itu masalah penduduk menjadi sangat penting bagi Indonésia. Orang Indonésia harus sadar bahwa transmigrasi sangat besar gunanya. Pemerintah berusaha memindahkan penduduk dari daérah padat penduduk ke daérah yang jarang penduduknya.

単語 108 DL

mie goréng	「焼きそば」	**gado-gado**	「インドネシア風サラダ」
roda	「車輪」	**minyak**	「油」
jumlah	「合計」	**luas**	「広い」
abad	「世紀」	**urutan**	「順序」
permulaan	「初め」	**transmigrasi**	「移住」
guna	「効用」	**pemerintah**	「政府」
memperkirakan (kira)	「推量する」	**memperhatikan (hati)**	「注目する，注意を払う」
bertambah (tambah)	「ふえる，増す」	**memindahkan (pindah)**	「移動させる」
termasuk	「含まれる」	**berusaha (usaha)**	「努力する」
pertumbuhan	「成長」	**sadar**	「自覚する，気付く」
cukup	「十分な」	**kurang**	「不十分な」
lambat	「遅い」	**pesat**	「急速な」
jarang	「まれな，めったに〜しない」	**padat**	「ぎっしりつまった」
sepanjang hari	「一日中」	**seumur hidup**	「一生」
hanya	「ほんの，ただ」	**sejak**	「〜以来」
nakal	「いたずらな，悪さの」		

Pelajaran 25

私は銀行でお金を両替したいのです。

me 動詞

会話 

A:	**Saya mau menukar uang di bank.** サヤ マウ ムヌカール ウアン ディ バン(ク)	私は銀行でお金を両替したいのです。
	Di mana ada bank? ディ マナ アダ バン(ク)	どこに銀行がありますか。
B:	Saya tidak tahu di mana ada bank. サヤ ティダッ(ク) タウ ディ マナ アダ バン(ク)	私はどこに銀行があるか知りません。
	Tetapi mungkin ada di depan stasiun. トゥタピ ムンキん アダ ディ ドゥパん スタスィウん	しかし，たぶん駅前にあります。
	Kenapa mau menukar uang? クナパ マウ ムヌカール ウアン	どうしてお金を両替したいのですか。
A:	Karena saya mau mengirim uang ke Indonésia. カルナ サヤ マウ ムんギリ(ム) ウアン ク インドネシア	インドネシアへ送金するからです。

文法

(3) me 動詞〔ほとんどが他動詞です〕

◈ **他動詞**

membaca	「読む」	menulis	「書く」
membeli	「買う」	menjual	「売る」
melihat	「見る」	menonton	「見る(テレビ, 映画等を)」
membuka	「開ける, 脱ぐ」	menutup	「閉める」
mengambil	「取る」	membawa	「持って行く, 持って来る」
mengirim	「送る」	membantu	「手伝う」

◈ **自動詞**

merokok	「タバコを吸う」	menyanyi	「歌を歌う」
menangis	「泣く」		

☞ me動詞の*me*は, 後ろにつく語根の最初の文字により形が変化します。

me のままの場合 — l, r, m, n, ny, w, y で始まる場合

(l)	*l*anjut	—**me**lanjut	「継続する」
	*l*ompat	—**me**lompat	「ジャンプする」
(r)	*r*asa	—**me**rasa	「感じる」
	*r*okok	—**me**rokok	「タバコを吸う」
(m)	*m*asak	—**me**masak	「料理する」
(n)	*n*ilai	—**me**nilai	「価値をつける, 評価する」
(ny)	*ny*anyi	—**me**nyanyi	「歌を歌う」
(w)	*w*ujud	—**me**wujud	「現れる, 具現化する」
(y)	*y*akin	—**me**yakinkan	「確信させる」

mem- になる場合 — b，p（p は消える）で始まる場合

(b)	*b*uka	—**mem**buka	「開ける，脱ぐ」
(p)	*p*akai	—**mem**akai	「使う，着る」
	*p*otong	—**mem**otong	「切る」**（p は消える）**

men- になる場合 — c，d，j，t（t は消える）で始まる場合

(c)	*c*uci	—**men**cuci	「洗う」
(d)	*d*apat	—**men**dapat	「得る」
(j)	*j*ual	—**men**jual	「売る」
(t)	*t*ulis	—**men**ulis	「書く」**（t は消える）**

meng- になる場合 — 母音，g，h，k（k は消える）で始まる場合

(a)	*a*mbil	—**meng**ambil	「取る」
(i)	*i*si	—**meng**isi	「中へつめる，記入する」
(u)	*u*kur	—**meng**ukur	「測る」
(e)	*e*ndap	—**meng**endap	「沈殿する」
(o)	*o*lah	—**meng**olah	「加工する」
(g)	*g*unting	—**meng**gunting	「ハサミで切る」
(h)	*h*itung	—**meng**hitung	「数える」
(k)	*k*irim	—**meng**irim	「送る」**（k は消える）**

meny- になる場合 — s（s は消える）で始まる場合

(s)	*s*impan	—**meny**impan	「保管する，しまう」**（s は消える）**
	*s*apu	—**meny**apu	「ほうきで掃く」**（s は消える）**

menge- になる場合—1 音節の単語の場合

	pak	—**menge**pak	「梱包する」

例文 

Saya *membaca* koran sebelum makan pagi.
（私は朝食の前に新聞を読みます）
Dia *membeli* kain ini dengan harga murah.
（彼は安くこの布を買います）
Adik saya *mengambil* uang dari lemari.
（私の弟〔妹〕は棚からお金を取ります）
Ayah saya suka *merokok*.（私の父はタバコを吸うのが好きです）
Saya *merasa* senang dapat bertemu dengan Anda.
（私はあなたにお会いできてうれしく思います）
Pembantu itu *memotong* daging di dapur.
（そのお手伝いは台所で肉を切ります）
Karena hari akan hujan, saya *membawa* payung ke kantor.
（雨が降りそうなので，私は傘を持って会社へ行きます）
Suami saya *menyimpan* gaji di dalam laci méja.
（私の夫は給料を机のひきだしの中に保管します）

問題

I. 次の単語の語根を書きなさい。

1. melémpar →
2. menyuruh →
3. merokok →
4. mengaduk →
5. mengarang →
6. menolong →
7. mengikut →
8. memasak →
9. memukul →
10. mengundang →
11. menghilang →
12. menanti →
13. menggambar →
14. membaca →
15. mencari →
16. mengulang →
17. menyala →
18. menjahit →
19. menunggu →
20. mendaki →

II. 次の文の（　　）の中の単語を me 動詞にして訳しなさい。

1. Di mana Anda (cuci) foto ini?
2. Ibu (coba) (masak), tetapi tidak ada orang yang (bantu) ibu.
3. Istri saya (pasang) lampu di kamar mandi karena ia mau (gosok) gigi.
4. Kalau mau (beli) buah di pasar, Anda harus (tawar).
5. Waktu (buka) jendéla, dia (lihat) orang yang (tunggu) bus di depan halté.
6. Meréka (ambil) foto di taman.
7. Tiga minggu yang lalu saya (kirim) barang kepada teman saya di Indonésia.
8. Anak itu suka (tangis).
9. Pedagang itu pandai (jual) batik.
10. Saya (tutup) pintu sesudah masuk ke kamar ibu.
11. Saya (rasa) senang dapat (terima) surat dari Anda.
12. Saya sudah (pesan) tempat untuk bésok di réstoran mahal itu.
13. Pembantu saya (panggil) taksi karena supir tidak datang hari ini.
14. Hari ini dia tidak (bawa) uang untuk (bayar).
15. Saya mau (télépon) kepada pacar saya.

buah	「果物」	**halté**	「バス停」
batik	「バティック」	**foto**	「写真」
pandai	「上手な，頭のよい」	**pedagang**	「商人」
melémpar (lémpar)	「投げる」	**memukul (pukul)**	「打つ，ぶつ」
mengarang (karang)	「作文する」	**menghilang (hilang)**	「消える」
menggambar (gambar)	「絵を書く」	**mencari (cari)**	「捜す」
menyala (nyala)	「炎が出る，火がつく」	**menyuruh (suruh)**	「命じる」
mengaduk (aduk)	「かき混ぜる」	**menanti (nanti)**	「(期待して) 待つ」
mengulang (ulang)	「くり返す」	**menjahit (jahit)**	「縫う」
mendaki (daki)	「登る」	**menawar (tawar)**	「値切る」
menangis (tangis)	「泣く」	**memesan (pesan)**	「注文する，予約する，伝言する」
memanggil (panggil)	「呼ぶ」	**memotong (potong)**	「切る」
membuka (buka)	「開ける，脱ぐ」	**menutup (tutup)**	「閉める」
laci	「引き出し」		

Pelajaran 26

このお菓子を食べるな。

命令文

会話 112 DL

A:	**Jangan makan kué ini!** ジャんガん マカん クエ イニ	このお菓子は食べないで。
	Coba minum jus jeruk ini. チョバ ミヌ(ム) ジュス ジュルッ(ク) イニ	ちょっと，このジュースを飲んでみて。
B:	Tolong ambil jus jeruk itu. トろン アンビる ジュス ジュルッ(ク) イトゥ	どうかそのジュースをとって下さい。
	Ya, segar sekali. ヤァ スガール スカり	はい，大変おいしいです。
A:	Kalau begitu, silakan tambah segelas lagi. カろウ ブギトゥ シらカん タンバ スグらス らギ	それなら，どうぞもう一杯おかわりして下さい。
B:	Terima kasih. トゥリマ カスィ	ありがとうございます。

文法

◆ **命令文**

Duduk!	（座れ）
Duduk**lah**! ❶	（座りなさい）
Coba duduk.	（座ってみて）
Tolong duduk. ❷	（どうか〔私のために〕座って下さい）
Silakan duduk. ❸	（どうぞお座り下さい）
Jangan duduk! ❹	（座るな）

Mari (kita) duduk! ❺　　（さあ〔一緒に〕座りましょう）

❶ duduk より duduklah のほうが強調した言い方，あるいは丁寧な言い方。
❷ 相手になにかを頼む時は，この言い方がいちばん丁寧。お手伝いさんにこの言い方をすると喜んでしてくれます。
❸ 英語の “Please” と同じ意味。
❹ 否定の命令文。
❺ 英語の “Let's” と同じ意味。mari のみでも mari kita のどちらでもかまいません。

単純動詞と **ber 動詞**はそのままの形で上記のような命令文を作りますが，

me 動詞は ｛ 他動詞として使う時は me- をとった形
自動詞として使う時は me- をつけたままの形で命令文を作ります。

	単純動詞	**ber 動詞**
~!	*Makan*!	*Belajar*!
-lah!	*Makan*lah!	*Belajar*lah!
Coba~	Coba *makan*.	Coba *belajar*.
Tolong~	Tolong *makan*.	Tolong *belajar*.
Silakan~	Silakan *makan*.	Silakan *belajar*.
Jangan~!	Jangan *makan*!	Jangan *belajar*!
Mari (kita) ~	Mari (kita) *makan*.	Mari (kita) *belajar*.

	me 動詞	
	他動詞	**自動詞**
~!	*Buka* pintu!	*Merokok*!
~lah!	*Buka*lah pintu!	*Merokok*lah!
Coba~	Coba *buka* pintu.	Coba *merokok*.
Tolong~	Tolong *buka* pintu.	Tolong *merokok*.
Silakan~	Silakan *buka* pintu.	Silakan *merokok*.
Jangan~!	Jangan *buka* pintu!	Jangan *merokok*!
Mari (kita)~	Mari (kita) *buka* pintu.	Mari (kita) *merokok*.

例文 113 DL

Nina, minta kopi!（ニナ，コーヒーちょうだい）

Bekerja*lah* dengan sekuat tenaga!（一生懸命働きなさい）

Coba pakai keméja ini.（ちょっと，このシャツを着てみて）

Tolong panggil taksi.（どうかタクシーを呼んで下さい）

Tolong sampaikan salam saya kepada keluarga Anda.
（あなたのご家族にどうかよろしくお伝え下さい）

Tolong sampaikan surat ini kepada Bapak Ali.
（どうかこの手紙をアリさんに届けて下さい）

Silakan masuk ke kamar.（どうぞ部屋へお入り下さい）

Jangan minum terlalu banyak!（たくさん飲みすぎるな）

Mari (kita) pergi ke sekolah!
（さあ〔いっしょに〕学校へ行きましょう）

問題

I. 次の文をインドネシア語に訳しなさい。

1. さあいっしょに帰りましょう。
2. 病院へ行くのを忘れないで。
3. その男を信じるな。
4. さあいっしょに夜ご飯を食べましょう。
5. もし時間がありましたら，どうぞ私の家へおいで下さい。
6. 草の上に座るな。
7. 早く食べなさい。
8. アリさんに電話をかけてみて。
9. どうか（私のために）彼に手紙を書いて下さい。
10. 今，行け。
11. どうか（私のために），この手紙を郵便局へ持っていって下さい。
12. 歌ってみて。

13. どうぞ召し上って下さい。

14. 午前9時30分にここへ来なさい。

15. そこで服を脱ぐな。

II. 次の文を読んで訳しなさい。 

Pada suatu hari pada liburan musim panas, saya bertemu dengan Yati, teman sekolah. "Hai, Yati, apa kabar?" tanya saya. "Baik-baik saja, Mina." jawab Yati. "Saya ingin pergi ke Pulau Putri. Katanya indah sekali." lanjut saya. "Mari kita pergi ke situ." ajak Yati. Akhirnya, kami berdua berangkat ke Pulau Putri.

Pulau Putri terletak di Laut Jawa, kira-kira 60 km ke sebelah utara, dan 3 jam dengan kapal laut dari Jakarta. Dikelilingi karang. Airnya bening dan bersih. Banyak ikan tropis yang beranéka warna di situ.

Saya dan Yati berenang sepanjang hari dan tidur siang di bawah pohon kelapa.

Pada malam harinya banyak sekali bintang di langit. Kami sangat menikmati alam di pulau itu.

❖ 単語 115 DL

jus jeruk	「オレンジジュース」	**tenaga**	「力」
rumput	「草」		
segar	「新鮮な」	**kelapa**	「やし」
musim	「季節」	**bintang**	「星」
langit	「空，天」	**terletak**	「～に位置する」
alam	「自然」	**karang**	「さんご」
menyampaikan (sampai)	「届ける」	**menjawab (jawab)**	「答える」
mengelilingi (keliling)	「囲む」	**mengajak (ajak)**	「誘う」
coba	「試みる」	**bening**	「純粋な，すき通った」
tropis	「熱帯の」	**kira-kira**	「約」
sekuat tenaga	「一生懸命」	**lagi**	「再び」
anéka	「いろいろな」		

Pelajaran 27

私は昨日犬にかまれました。

受動態

〔会話〕 

A: Saya digigit (oléh) anjing kemarin. 私は昨日犬にかまれました。
サヤ ディギギッ(ト) オレ アンジン クマリん

B: Kasihan. かわいそうに。
カシアん

A: Jadi, anjing itu saya pukul. だから，その犬を私はたたきました。
ジャディ アンジン イトゥ サヤ プクる

〔文法〕

◈ **受動態**

主語が一人称および二人称の場合

| 主語 | 動詞 | 目的語 | が | 目的語 | 主語 | 動詞(原型)* | になります。

一人称

☆ **Saya** mem*baca* buku itu. 〔**能動態**〕(私はその本を読みます)

Buku itu **saya** *baca*. 〔**受動態**〕

☆ **Kami** mem*buka* pintu itu. 〔**能動態**〕(私たちはそのドアを開けます)

Pintu itu **kami** *buka*. 〔**受動態**〕

☆ **Aku** mem*beli* sepatu mérah. 〔**能動態**〕(僕は赤い靴を買います)

Sepatu mérah **ku***beli*. ❶ 〔**受動態**〕

二人称

☆ **Anda** mem*baca* <u>buku itu</u>. 〔能動態〕(あなたはその本を読みます)

<u>Buku it</u> **Anda** *baca*. 〔受動態〕

☆ **Engkau** mem*beli* <u>sepatu mérah</u>. 〔能動態〕(おまえは赤い靴を買います)

<u>Sepatu mérah</u> **kau***beli*. ❷ 〔受動態〕

主語が三人称の場合

主語	動詞	目的語

が

目的語	di + 動詞の原形*	(oleh)	主語

になります。

三人称

☆ **Guru** itu men*ulis* <u>surat</u>. 〔能動態〕(先生は手紙を書きます)

<u>Surat</u> di*tulis* (oléh) **guru** itu. 〔受動態〕

☆ **Orang ini** mem*baca* <u>buku itu</u>. 〔能動態〕(彼はその本を読みます)

<u>Buku itu</u> dibaca (oleh) orang itu. 〔受動態〕

<u>Buku itu</u> di*baca***nya**. ❸

---

* 原形とは，ここでは，接頭辞の me を取り，接尾語はつけたままの形を示します。 例 mempunya<u>i</u> → punya<u>i</u>

❶ 主語が “a*ku*” の時は，**ku** を動詞につけて書きます。

❷ 主語が “eng*kau*” の時は，**kau** を動詞につけて書きます。

❸ 三人称の dia, ia, mereka は **nya** となり動詞の後ろにつきます。

否定詞，時を表す語，助動詞がつく場合

主語	否定詞 副詞 助動詞	動詞	目的語

例

Saya	tidak	membeli	roti.
Ibu	tidak	membeli	roti.

⬇

目的語	否定詞 副詞 助動詞	主語 ＋ 動詞の原形* 一，二人称
		di ＋ 動詞の原形* ＋ (oléh) ＋ 主語 三人称

例

Roti	tidak	saya	beli	一人称
Roti	tidak	dibeli	oléh ibu	三人称

一人称 Saya **belum** makan roti itu. 〔能動態〕
（私はまだそのパンを食べていません）
Roti itu **belum** saya makan. 〔受動態〕

二人称 Anda **sudah** membuka pintu. 〔能動態〕
（あなたは，もうドアを開けました）
Pintu **sudah** Anda buka. 〔受動態〕

三人称 Ayah **bisa** membawa barang itu ke kantor polisi. 〔能動態〕
（父は警察署にその品物を持っていくことができます）
Barang itu **bisa** dibawa (oléh) ayah ke kantor polisi. 〔受動態〕

〔例 文〕 117 DL

Surat itu saya tulis sesudah sampai di Jakarta.
（ジャカルタに到着したあとで，その手紙は私によって書かれました）

Kamar ini sudah kami pakai kemarin.
（この部屋は昨日私たちによって使われました）

Tas itu kupinjam dari kakak.
（そのかばんは私によって兄〔姉〕から借りられました）

Pacarnya Anda tunggu di depan kantor.
（その恋人はあなたに会社の前で待たれています）
Kamus itu harus kaubeli di toko buku Gunung Agung.
（その辞書はグヌンアグン書店でおまえによって買われなければなりません）
Karyawan malas itu diusir (oléh) kepala pabrik.
（その怠惰な労働者は工場長に追い出されました）
És krim baru dimakan (oléh) anak saya.
（アイスクリームは，たった今，私の子供に食べられたばかりです）

問題

I.（　　）の中の正しいほうを選び意味を言いなさい。

1. Obat itu belum (meminum, diminum) oléh adik.
2. Saya (menunggu, ditunggu) pegawainya di halté.
3. Nona Déwi (membawa, dibawa) makanan ke kantor.
4. Anak saya sedang (menggunting, digunting) kertas di dalam kamar.
5. Dompét saya (mencuri, dicuri) orang kemarin.
6. Dia tidak pergi ke rumah Ali, karena dia tidak (mengundang, diundang).
7. Buku ini sudah lama (mencari, dicari) guru.
8. Kué manis ini (memakan, dimakan) orang di Jepang.
9. Polisi (menangkap, ditangkap) pencopét di dalam keréta api.
10. Tanggal 17 Agustus orang Indonésia (memasang, dipasang) bendéra di tiap rumah.
11. Kepala kantor (memberikan, diberikan) kami gaji.
12. Rambut saya (menggunting, digunting) sekali sebulan.

II. 次の文の態を変えなさい。

1. Keluarga saya mendengarkan musik itu.
2. Tukang batik akan menjual kain batik itu.
3. Ayah saya akan menunggu saya di toko itu.
4. Saya sudah mencuci pakaian.
5. Kita tidak memasang lampu listrik.
6. Siapa memakai pakaian saya?
7. Anda harus menghitung uang itu sebelumnya.
8. Orang itu baru menulis surat.
9. Aku membayar uang sekolah tiap bulan.
10. Teman saya menggosok gigi tiap malam.

III. 次の文を日本語に訳しなさい。

1. Guru sudah saya télépon tadi pagi.
2. Ikan itu Anda masak kemarin.
3. Setelah makan, piring dan mangkok harus kauangkat ke dapur.
4. Gaji untuk bulan April sudah saya terima dari atasan saya.
5. Minuman bisa kami beli di toko itu.
6. Di mana kunci lemari itu kausimpan?
7. Nasi goréng yang kumasak tadi dimakan suamiku.
8. Tahun yang lalu gedung sekolah sudah dibangun di depan rumah saya.
9. Surat Bapak telah diterima pada tanggal 19 Januari yang lalu.
10. Menurut surat kabar, sudah 10 orang Jepang dibunuh di kota itu.
11. Supir itu sudah dipanggil oléh Bapak Sudarto.

12. Ayah saya dilarang merokok oléh dokter.
13. Karena hari raya, semua kantor ditutup kemarin.
14. Sebelum tidur, mukamu harus dicuci oléh ibu.

単語 118 DL

atasan	「上司」	bawahan	「部下」
és krim	「アイスクリーム」	bendéra	「旗」
hari raya	「祭日」	musik	「音楽」
menggigit (gigit)	「かむ」	meminjam (pinjam)	「借りる」
mengusir (usir)	「追い出す，追い払う」	menggunting (gunting)	「はさみで切る」
mencuri (curi)	「盗む」	menghitung (hitung)	「数える」
memasang (pasang)	「設置する，つける（ランプなどを）」	membunuh (bunuh)	「殺す」
menggosok (gosok)	「みがく，こする」	mendengarkan (dengar)	「聴く」
melarang (larang)	「禁止する」		
baru~	「～したばかり」	menurut	「～によると」
sebelumnya	「前もって，事前に」	pencopét	「スリ」

Pelajaran 28

私が昨日読んだ本はとても面白かったです

関係代名詞 ②

会話 119 DL

A: **Buku yang sudah saya baca kemarin sangat menarik.**
ブク ヤン スダ サヤ バチャ クマリん サンガッ（ト）ムナリッ（ク）

私が昨日読んだ本はとても面白かったです。

B: Oh, begitu. Mungkin karena penulis yang menulis buku cerita itu pandai mengarang.
オー ブギトゥ ムンキん カルナ プヌリス ヤン ムヌリス ブク チュリタ イトゥ パンダイ ムンガラン

そうですか。多分その小説を書いた作家は小説を書くのが上手だったのでしょう。

A: Ya, benar.
ヤー ブナール

はい，その通りです。

文法

◈ **関係代名詞**

⑴ 先行詞が関係代名詞の後ろの文章の主語になる場合，その文章は平叙文のままです。

先行詞が

一人称 Saya **yang** sudah menulis surat di kamar adalah mahasiswa.

二人称 Anda **yang** sudah menulis surat di kamar adalah mahasiswa.

三人称 Amir **yang** sudah menulis surat di kamar adalah mahasiswa.

⑵ 先行詞が関係代名詞の後ろの文章の目的語になる場合，その文章は受動態になります。

文章の主語が

一人称 Surat **yang** sudah saya tulis di kamar tidak panjang.

二人称 Surat **yang** sudah Anda tulis di kamar tidak panjang.

三人称 Surat **yang** sudah ditulis oleh Amir di kamar tidak panjang.

例文 120 DL

Wanita yang baru menonton TV itu cantik sekali.

（そのテレビを見始めた女性はとても美しいです）

Singa yang sedang mencari mangsa di situ tidak begitu besar.

（そこで獲物を探しているライオンはそんなに大きくないです）

Mie goreng yang akan saya masak pasti enak.

（私が作る焼きそばは絶対においしいです）

Majalah yang tidak Anda baca sangat mahal.

（あなたが読まなかった雑誌は非常に高いです。）

Pakaian yang belum dicuci oleh Ibu Dewi masih banyak di dalam mesin cuci.

（デウィさんがまだ洗ってない服は洗濯機の中にまだたくさんあります）

問題

I. 次の２文をイタリック体の単語を主語として１文にし，日本語に訳しなさい。

1. Saya harus membaca *cerita rakyat*. Cerita rakyat itu sangat panjang.
2. Laki-laki itu suka menonton *film*. Film itu tidak baik bagi anak.
3. Anda sedang memasak *rendang*. Rendang itu pasti enak.

4. Adik saya baru memotong *daging sapi*. Daging sapi itu sangat keras.
5. Wanita ini tidak memakai *payung*. Payung itu mahal sekali.
6. Saya belum mencuci *pakaian*. Pakaian itu terlalu besar bagi saya.
7. *Orang* itu suka mempelajari bahasa Indonesia. Orang itu mahasiswa.

II. 次の文章をインドネシア語にしなさい。

1. そこで手紙を書いている男性は私の兄です。
2. 台所で昨日焼きそばを作った人はあなたのおばさんではありません。
3. 昨年進級できたあなたはクラスで一番頭が良いです。
4. 私がジャカルタで訪問したことのある人は今東京に住んでいます。
5. あなたがまだ聴いていない音楽は日本人に好まれています。
6. あなたが買わなければならないネックレスはインドネシア製です。
7. あの人が今朝注文した料理は会社に届けられるでしょう。
8. アリさんが今探している品物はその店で売られています。

単語 121 DL

menarik	「面白い, 興味深い」		
singa	「ライオン」	mangsa	「獲物」
majalah	「雑誌」	cerita rakyat	「民話」
rendang	「ルンダン（パダン料理）」		

Pelajaran 29

私は朝 7 時に妹を起こします。

me-kan 動詞

会話 122 DL

A:	**Saya membangunkan adik** サヤ ム(ン)バんグンカん アディッ(ク) **perempuan saya jam 7 pagi.** プル(ン)プアん サヤ ジャ(ム) トゥジュパギ	私は朝 7 時に妹を起こします。
	Lalu memasukkan buku-buku らる ムマスッ(ク)カん ブク ブク ke dalam tas sekolahnya. ク ダら(ム) タス スコらニャ	それから，本を彼女の通学かばんの中へ入れます。
B:	Berapa lama dari rumah ブラパ らマ ダリ ルマ ke sekolahnya? ク スコらニャ	家から学校までどのくらいですか。
A:	Makan waktu setengah マカん ワクトゥ ストゥんガ jam dengan bus. ジャ(ム) ドゥんガん ブス	バスで 30 分かかります。

文法

me 動詞には，単純 me 動詞❶，me-kan 動詞と me-i 動詞の 3 種類があります。

◆ **me-kan 動詞**

⑴ 使役的意味を持つ

Guru *mendudukkan* murid itu di kursi.
（先生はその生徒をいすに座らせます）

Ibu *memandikan* bayi yang baru lahir.
（母親は生まれたばかりの赤ちゃんをお風呂に入れてやります）

⑵ 二重目的をとる他動詞を作る (me-kan 動詞の後ろにすぐ間接目的語を用いる)：～のためにの意。

Saya *membeli* barang itu.（私はその品物を買います）
Saya *membelikan* istri saya barang itu.
（私はその品物を妻に買います）
Saya *membeli* barang itu untuk istri saya.
（私はその品物を妻に買います）

⑶ 他動詞であることをはっきりさせる

Pasir *dicampur* dengan kapur.（砂は石灰と混ぜ合わせられます）
Saya *mencampurkan* pasir dengan kapur. ❷
（私は砂を石灰と混ぜ合わせます）

⑷ 意味が変わる

{ meminjam「借りる」
{ meminjamkan「貸す」

{ menyéwa「賃借りする」
{ menyéwakan「賃貸しする」

{ mendengar「聞く」
{ mendengarkan「傾聴する」

{ membangun「建設する」
{ membangunkan「起こす」

{ meninggal「死亡する」
{ meninggalkan「離れる，置き去りにする」

---

❶ 単純 me 動詞とは 25 課で説明した〔me ＋語根〕の形の動詞のことです。

❷ me-kan 動詞のあとには通常，目的語を用います。

例文 123 DL

Saya *membukakan* tamu pintu.
（私はお客さん〔のため〕にドアを開けます）
Sékrétaris itu *menuliskan* Pak Sugito surat.
（その秘書はスギトさんに手紙を書きます）
Dia *mengeluarkan* dompét dari tas.
（彼はかばんから財布を出します）

Présidén *menunggukan* menteri luar negeri di luar kamar.
（大統領は外務大臣を部屋の外で待たせます）

Saya *meminjam* uang dari teman saya.
（私は友だちからお金を借ります）

Teman saya *meminjamkan* uang kepada saya.
（私の友だちは私にお金を貸します）

Tukang kayu *membangun* gedung itu.
（大工さんはその建物を建てます）

lbu saya *membangunkan* ❶ saya jam 11 malam.
（私の母は私を夜 11 時に起こします）

---

❶ 会話では ~kan を ~in と言うことがあります。

例 Bangunin saya jam 6 bésok.（明日 6 時に私を起こして下さい）

問題

I. 次の文を日本語に訳しなさい。

1. Kantor belum memberitahukan kapan saya harus berangkat ke Indonésia.
2. Kepala kantor menempatkan saya di bagian akuntan.
3. Kamar mandi belum saya bersihkan.
4. Banyak suku cadang mobil dan sepéda motor dimasukkan ke Indonésia.
5. Amérika sudah mengalahkan Kanada dengan 5 - 1.
6. Pegawai-pegawai menceritakan hal itu kepada kepala kantor.
7. Uang itu sudah dikembalikan kepada saya.
8. Orang kaya itu mendirikan perusahaan besar.
9. Bapak Sujono meninggal dunia pada pertengahan tahun yang lalu.

10. Saya meninggalkan koran di dalam keréta listrik.
11. Saya ingin menyéwa rumah di Aoyama.

II. (　　)の中の単語を正しい形にして意味を言いなさい。

1. Pembantu (panas) daging di dapur.
2. Bonéka itu (beri) anak perempuan oléh ibu.
3. Saya tidak tahu apakah kué itu (makan) atau tidak.
4. Tolong (masuk) uang ini ke dalam lemari.
5. Orang asing itu (tinggal) koper di rumah saya.
6. Kamar tamu harus (bersih) tiap hari.
7. Pésta perpisahan (ada) pada awal bulan depan.
8. Buku itu belum (kembali) oléh mahasiswa.
9. Dia (beli) pacarnya cincin.
10. Hal itu sudah kami (bicara) kemarin.

III. 次の文を読んで訳しなさい。

Industri

Révolusi Industri pecah sesudah James Watt berhasil menemukan mesin yang digerakkan dengan tenaga uap pada tahun 1766. Sebelumnya digunakan tenaga manusia sendiri, tenaga héwan dan arus air atau angin. Dengan perkembangan ilmu pengetahuan dan téknologi kita bisa memanfaatkan tenaga listrik dan tenaga atom.

Di Indonésia industri sedang berkembang. Industri memerlukan bahan mentah. Yang dihasilkan Indonésia adalah minyak mentah, gas alam cair, karét, kelapa, tembakau, kayu dan hasil-hasil pertambangan lainnya.

Industri minyak, sabun, rokok dsb. sudah lama ada. Tetapi hasil Industri dalam negeri belum mencukupi. Barang-barang yang "made in Indonésia" mendapat saingan berat dari barang buatan luar negeri. Oléh karena itu pengusaha-pengusaha Indonésia minta perlindungan kepada pemerintah. Pemerintah juga mengerti hal itu. Dan mulai menggerakkan masyarakat untuk membeli barang hasil industri dalam negeri.

pasir	「砂」	**kapur**	「石灰」
menteri luar negeri	「外務大臣」	**tukang kayu**	「大工」
bagian	「部分，部品，部」	**bonéka**	「人形」
akuntan	「会計」	**perpisahan**	「別離」
cincin	「指輪」	**koper**	「スーツケース」
industri	「工業」	**révolusi**	「革命」
uap	「蒸気」	**bayi**	「赤ちゃん」
héwan	「獣」	**arus**	「流れ」
perkembangan	「発展」	**ilmu pengetahuan**	「科学」
atom	「原子」	**suku cadang**	「部品」
bahan	「材料」	**cair**	「液体」
karét	「ゴム」	**tembakau**	「タバコ」
hasil	「成果，結果」	**saingan**	「競争」
pertambangan	「鉱業」	**buatan ~**	「～製」
pengusaha	「企業家」	**perlindungan**	「保護」
sabun	「せっけん，洗剤」	**masyarakat**	「社会」
{ **masuk**	「入る」	{ **keluar**	「出る」
memasukkan	「入れる」	**mengeluarkan**	「出す」
{ **mandi**	「お風呂に入る」	{ **duduk**	「座る」
memandikan	「お風呂に入れる」	**mendudukkan**	「座らせる」
{ **kalah**	「負ける」	{ **kembali**	「戻る」
mengalahkan	「負かす」	**mengembalikan**	「返す」
mencampurkan (campur)	「混合する」	**memberitahukan (beritahu)**	「知らせる，通知する」
menempatkan (tempat)	「配置する，置く」	**menemukan (temu)**	「発明する，発見する」

memanfaatkan (manfaat)	「役に立たせる，有益にする」	**mendirikan (diri)**	「設立する」
menghasilkan (hasil)	「生産する，結果を得る」	**menggerakkan (gerak)**	「動かす」
mencukupi (cukup)	「補足する，充分だ」	**memerlukan (perlu)**	「必要とする」
mendapat (dapat)	「得る，獲得する」		
berkembang (kembang)	「発展する」	**berhasil (hasil)**	「成功する，収穫がある」
mentah	「生の」	**lalu**	「それから」
pecah	「勃発する，割れる」		

Pelajaran 30

私の友人は山に登りました。

me-i 動詞

会話 126 DL

A:	**Teman saya sudah menaiki gunung.** トゥマん サヤ スダ ムナイキ グヌン	私の友人は山に登りました。
B:	Gunung apa? グヌン アパ	何山ですか。
A:	Gunung Fuji. グヌン フジ	富士山です。
	Dia mengunjungi kota Fuji Yoshida pada waktu itu juga. ディア ムんグンジュンギ コタ フジ ヨシダ パダ ワクトゥ イトゥ ジュガ	彼はその時も富士吉田市を訪ねました。

文法

◈ me-i 動詞

⑴ 場所を示す

menghadir*i* = hadir di「～に出席する」

⑵ 人を対象とする

menjumpa*i* = berjumpa dengan「～に会う」

⑶ 頻度を示す

memukul*i* = pukul banyak kali「幾度も打つ」

◈ me-kan 動詞と me-i 動詞の区別の仕方

me-kan 動詞：**目的語**が動詞により示された動作の結果として**動きます。**

me-i 動詞：**目的語は動かず**，主語が動きます。多くの場合，目的語が**場所を示します**。

例 Kami menaik**kan** bendéra.（私たちは旗を上げます）
〔動作の結果，目的語の旗が動く〕

Kami menaik**i** gunung.（私たちは山に登ります）
〔目的語の山は動かず，場所を示している〕

例文 127 DL

Saya *menghadiri* pésta itu kemarin.
（私は昨日，そのパーティーに出席しました）

Anda akan *menjumpai* Nona Rita di Surabaya.
（あなたはリタさんにスラバヤで会うでしょう）

Guru itu *memarahi* murid-murid yang suka bolos.
（その先生は，よくさぼる生徒をしかります）

Ibu *memukuli* anak nakal.
（母親はいたずらな子供をたたきます）

Saya memasukkan uang ke dalam dompét.
（私は財布の中へお金を入れます）
Saya *memasuki* gedung sekolah.
（私は校舎へ入ります）

問題

I. (　　　) の中に kan か i のいずれかを入れなさい。

1. Mahasiswa itu mengeluar (　　　) buku dari tasnya.
2. Kamu tidak boléh mengeluar (　　　) kepala dari jendéla bus.
3. Saya memasuk (　　　) kamar ibu saya.
4. Orang itu telah meninggal (　　　) rumahnya.
5. Jangan duduk (　　　) bangku ini, catnya masih basah.
6. Tolong tulis (　　　) surat kepada teman saya.
7. Atasan saya menandatangan (　　　) surat itu.
8. Orang tua itu mendekat (　　　) telinganya kepada radio.
9. Saya suka mendekat (　　　) pacar saya.
10. Présidén mengunjung (　　　) negara ASÉAN.
11. Pemilik toko itu menaik (　　　) harga barang.
12. Cucu itu mengambil (　　　) nenek masakan itu.

II. 次の文をインドネシア語に訳しなさい。

1. 外務大臣はインドネシアとマレーシアを訪問します。
2. その契約は来年の春に調印されます。
3. 彼の家へ行くのに，私たちはその道を通ります。
4. 父は私の部屋へ入ります。
5. 社長はそのパーティーに出席します。
6. 私はその橋を渡るのがこわいのです。
7. 月は彼女の顔を照らします。
8. その女の子は白い犬に近づきます。

単語 128 DL

cat	「ペンキ」	**pemilik**	「所有者」
kontrak	「契約」	**jembatan**	「橋」
musim bunga, musim semi	「春」	**musim panas**	「夏」
musim gugur	「秋」	**musim dingin**	「冬」
bolos	「さぼる」	**cucu**	「孫」
basah	「ぬれる」	**kering**	「乾く」

menandatangani (tandatangan) 「調印する」
melalui (lalu) 「通過する，経由して」
menyeberangi (seberang) 「渡る」
menerangi (terang) 「照らす」

Pelajaran 31

私は昨日，自動車を修理しました。

memper 動詞

会話 129 DL

A: Saya memperbaiki mobil kemarin.
サヤ ム(ン)プルバイキ モービる クマリん
私は昨日，自動車を修理しました。

B: Kenapa?
クナパ
なぜですか。

A: Karena di tengah jalan mobil saya mogok.
カルナ ディ トゥンガ ジャらん モービる サヤ モゴッ(ク)
なぜなら道の途中で自動車がエンストしてしまったからです。

文法

◈ memper 動詞の種類

me 動詞の中に memper 動詞があり，下記の 3 種類に分けられます。

⑴ memper + 語根
⑵ memper + 語根 + kan
⑶ memper + 語根 + i

⑴ memper + 語根

a. memper + 名　詞 → memper*kuda*「馬のように使う」
b. memper + 形容詞 → memper*cepat*「速める」
c. memper + 動　詞 → memper*buat*「行う，～させる」

⑵ memper + 語根 + kan

a. memper ＋ 名　詞 ＋ kan → memper*satu*kan「一つにまとめる」
b. memper ＋ 形容詞 ＋ kan → memper*salah*kan「～のせいにする」
c. memper ＋ 動　詞 ＋ kan → memper*tahan*kan「維持する，防衛する」

⑶ memper + 語根 + i

a. memper ＋ 名　詞 ＋ i → memper*senjata*i「～で武装する」
b. memper ＋ 形容詞 ＋ i → memper*baru*i「革新する」
c. memper ＋ 動　詞 ＋ i → mempel*ajar*i「学ぶ」

◈ memper 動詞の意味

⑴ me-kan 動詞とほとんど同じ意味（～める，さらに～する）

mempertinggi　「高める」
mempersulit　「難しくする」

⑵ me-kan 動詞と多少意味が異なる場合

*men*dengar　「聞く」
*men*dengar*kan*　「傾聴する」
*memper*dengar*kan*　「聞かせる」

*meng*ingat　「気をつける」
*meng*ingat*i*　「思い出す，記憶する」
*meng*ingat*kan*　「さとす」
*memper*ingat*kan*　「忠告する」
*memper*ingat*i*　「記念行事を行う」

例 文 130 DL

Dia *memperpanjang* visanya di kedutaan besar.
（彼は大使館でビザを延長します）
Pegawainya suka *memperbuat* orang lain tertawa.
（その社員は人を笑わすのが好きです）

Présidén *mempersatukan* negara Indonésia.
(大統領はインドネシア国を統一します)
Pencuri itu *mempersalahkan* temannya tentang hal ini.
(そのどろぼうはこのことについて彼の友人のせいにしました)
Réktor *mempertahankan* peraturan itu.
(大学学長はその規則を維持します)
Kepala kantor itu *memperbarui* sistém pekerjaan.
(その社長は労働制度を新しくします)
Dia *mempelajari* bahasa Indonésia.
(彼はインドネシア語を学びます)

問題

I. 次の文を日本語に訳しなさい。

1. Pegawai kantor itu berusaha mempertinggi mutu barangnya.
2. Saya belajar di univérsitas untuk memperdalam pengetahuan saya.
3. Karena mesin itu rusak, akan diperbaiki.
4. Pemerintah memperlébar jalan raya itu.
5. Banyak orang Jepang menaikkan bendéra untuk memperingati hari ulang tahun kaisar.
6. TV saya harus diperbaiki.
7. Saya memperkenalkan istri saya kepada Bapak Ali.
8. Orang tua harus memperhatikan tingkah laku anaknya.
9. Temannya memperlihatkan surat itu kepada saya.
10. Sékretaris saya mempergunakan komputer baru ini.
11. Wanita cantik itu mempertunjukkan tari Bali.
12. Orang asing ini memperpanjang kontrak dengan kantor saya.
13. Obat ini memperkecil perséntase kematian yang disebabkan oléh kankér.

II. 次の下線部に適当な単語を選んで入れなさい。

1. Teman saya pergi ke Éropa untuk ____________ pengetahuannya.
2. Kepala kantor saya ____________ saya kepada tamu itu.
3. Tukang itu pandai ____________ jam.
4. Saya ____________ surat itu dengan mesin fotokopi.
5. Hal itu ____________ perséntase kelahiran bayi di Indonésia.

memperkenalkan / memperbesar / memperbanyak / memperdalam / memperbaiki

III. 次の文を読んで訳しなさい。

Pasar

Pasar adalah tempat jual-beli barang-barang sehari-hari. Pasar sebagai pusat kegiatan ékonomi ada di kota dan désa. Di kota biasanya pasar buka tiap hari, tetapi di désa buka hanya pada hari-hari tertentu. Dan pasar di désa hampir semua berupa tempat terbuka. Pasar di kota besar buka sampai malam, tetapi kadang-kadang ada toko yang tutup pada siang hari.

Di pasar kita bisa membeli sayur-mayur, buah-buahan, daging, ikan, kué, makanan lainnya, alat-alat rumah tangga, batik, pakaian, jam, HP dsb.. Dan banyak warung makanan dan minuman di pasar. Oléh karena itu di situ kita bisa makan dan minum juga.

visa	「ビザ」	**kedutaan besar**	「大使館」
alat	「道具」	**réktor**	「大学の学長」
peraturan	「規則」	**pekerjaan**	「仕事，労働」
mutu	「品質」	**pengetahuan**	「知識」
kaisar	「天皇」	**tingkah laku**	「行動，態度」
perséntase	「パーセンテージ」		
kematian	「死」	**kelahiran**	「誕生」
tari	「踊り」	**fotokopi**	「コピー」
pusat	「中心，センター」		
rumah tangga	「家庭」	**mesin**	「機械」
bangunan	「建物」	**kegiatan**	「活動」
sehari-hari	「日常」	**HP**	「携帯電話」
rusak	「こわれる」	**raya**	「大きな」

memperbaiki (baik) 「修理する」

memperpanjang (panjang) 「延長する」

memperlébar (lébar) 「広げる」

memperkenalkan (kenal) 「紹介する」

memperhatikan (hati) 「注目する，注意を払う」

memperlihatkan (lihat) 「見せる」

mempergunakan (guna) 「使用する」

mempertunjukkan (tunjuk) 「上演する」

memperkecil (kecil) 「小さくする」

memperbesar (besar) 「大きくする」

memperbanyak (banyak) 「多くする」

mempertahankan (tahan) 「維持する，防衛する」

mogok 「エンスト，ストライキ」

berupa (rupa) 「～の形をしている」

terbuka 「開けっぱなしの」

tertentu 「一定の」

menyebabkan (sebab) 「原因となる」

Pelajaran 32

私は昨晩，雨に降られてしまいました。

接頭辞・接尾辞 ①

〔会話〕 133 DL

A:	**Saya kehujanan tadi malam.** サヤ クウジャナん タディ マら(ム)	私は昨晩，雨に降られてしまいました。
B:	Di mana? ディ マナ	どこで。
A:	Di tengah perjalanan dari rumah ke sekolah. ディ トゥンガ プルジャらナん ダリ ルマ ク スコら	家から学校へ行く途中(行程)です。
	Dan saya terjatuh karena jalannya licin. ダん サヤ トゥルジャトゥ カルナ ジャらンニャ りチん	そして，道が滑りやすかったのでころんでしまいました。

〔文法〕

◆ ter （接頭辞）

(1) 受動態 ❶

Pintu itu *ter*tutup.（そのドアは閉められています）
Huruf *ter*tulis di papan tulis.（文字は黒板にかかれています）
Kopi manis itu tidak *ter*minum.
（その甘いコーヒーは飲まれていません）
Suara anak saya *ter*dengar dari luar. **〔可能の意〕**
（私の子供の声が外から聞こえます）

⑵ 最上級 ❷

Gedung itu *ter*tinggi di Jepang.
（そのビルは日本でいちばん高いです）
Kota yang *ter*besar di Jepang adalah Tokyo.
（日本でいちばん大きな都市は東京です）
Orang yang *ter*tua di dalam keluarga saya adalah ayah.
（私の家族でいちばん年とっているのは父です）

⑶ 偶然の行動（思わず～する，知らずに～する）

Tas saya *ter*bawa oléh teman saya.
（私のかばんは私の友人に持っていかれてしまいました）
Saya *ter*tidur di dalam bis.
（私はバスの中で居眠りしてしまいました）
Karena télépon berbunyi, saya *ter*bangun pagi-pagi sekali.
（電話が鳴ったので私は朝早く目がさめてしまいました）

⑷ 単語の一部（感情表現の単語）

Dia *ter*tawa setelah mendengar cerita saya.
（私の話を聞いたあとで彼は笑いました）
Wanita itu *ter*senyum kepada saya.
（その女性は私にほほえみます）
Saya *ter*kejut karena guru berdiri di belakang saya.
（先生が私の後ろに立っているので驚いてしまいました）

---

❶ 受動態 di- は行為自体をさし，受動態 ter は行為により作られる状態をさします。

❷ ter は必ず形容詞とともに使います。

◈ ke-an

⑴ 状態を示す［被害を被る状態］

Saya *ke*panas*an* karena lupa bertopi.
（帽子をかぶるのを忘れたので暑さに苦しみました）
Buku saya *ke*tinggal*an* di rumah.
（私の本を，家に置き忘れてしまいました）
Murid itu *ke*siang*an* ke sekolah hari ini.
（その生徒は今日学校へ遅れて来ました）
Saya *ke*hilang*an* uang di dalam bus.
（私はバスの中でお金をなくしました）
Banyak orang desa itu *ke*lapar*an*.
（その多くの村人たちが飢えています）
Suara télépon tidak *ke*dengar*an*. **〔可能の意〕**
（電話の声が聞こえません）
Gedung itu *ke*lihat*an* dari jendela kamar saya. **〔可能の意〕**
（その建物が私の部屋から見えます）

⑵ 抽象名詞

*ke*séhat*an*　「衛生，健康」
*ke*baik*an*　「善意」
*ke*mati*an*　「死」
*ke*cantik*an*　「美」
*ke*adilan　「正義，公正」

⑶ 語根の場所

*ke*duta*an* besar　「大使館」
*ke*raja*an*　「王国」
*ke*diam*an*　「住居」

Semua jendéla rumah saya *ter*buka.
（私の家の全ての窓は開け放たれています）
Tempat yang *ter*indah di Indonésia adalah Bali.
（インドネシアでいちばん美しい場所はバリです）
Kepala saya *ter*pukul oléh anak itu.
（私の頭はその子供にたたかれてしまいました）
Orang itu *ter*senyum kepada pacarnya.
（その人は恋人にほほえみます）
Celana saya *ke*panjang*an*.（私のズボンは長すぎます）
Kaki ayam *ke*lihat*an* dari bawah pagar.
（にわとりの足がへいの下から見えます）
Terima kasih banyak atas *ke*baik*an* hati Anda.
（あなたのご親切に感謝いたします）
*Ke*duta*an* Besar Republik Indonésia ada di Gotanda.
（インドネシア大使館は五反田にあります）

問題

次の文を日本語に訳しなさい。

1. Saya membawa pakaian tebal supaya tidak kedinginan di Puncak.
2. Dia basah karena kehujanan di tengah perjalanan.
3. Dia kemalaman di Bogor dengan temannya.
4. Pembantu saya ketakutan karena mendengar bunyi di dapur.
5. Rumah sakit itu kelihatan dari jendéla bus.
6. Orang miskin itu kelaparan karena 3 hari ini tidak makan apa-apa.
7. Barang yang ketinggalan dibawa ke kantor polisi.
8. Pulau Bali terletak di sebelah timur pulau Jawa.

9. Waktu saya terbangun, jendéla itu terbuka.
10. Penjahat-penjahat yang tersebut di atas ditangkap semua.
11. Jumlah semut itu tidak bisa terhitung.
12. Bayi yang baru lahir terjatuh dari tempat tidur.
13. Saya terpaksa minum obat yang pahit.
14. Ibu terkejut karena anak itu tiba-tiba menangis.
15. Karena kekurangan uang, dia minta uang kepada atasannya.

単語 135 DL

huruf	「文字」	**papan tulis**	「黒板」
bunyi	「音」	**cerita**	「話」
penjahat	「悪者」	**semut**	「アリ」
licin	「つるつるした」	**timur**	「東」
tipis	「薄い」	**tebal**	「厚い」
kehujanan (hujan)	「雨にふられる」	**ketinggalan (tinggal)**	「置き去りにされる」
kepanasan (panas)	「暑い状態の」	**kedinginan (dingin)**	「寒い状態の」
kesiangan (siang)	「遅くなる」	**kehilangan (hilang)**	「なくなる」
kelaparan (lapar)	「飢える」	**kepanjangan (panjang)**	「長い状態の」
kedengaran (dengar)	「聞こえる」	**kelihatan (lihat)**	「見える」
ketakutan (takut)	「こわい状態の」	**terpaksa (paksa)**	「いやおうなく」
terkejut	「驚く」	**tersebut (sebut)**	「既述の」

terhitung (hitung) 「数えられる」

tiba-tiba 「突然」

Pelajaran 33

本当は私は日記帳を買いたいです。

接頭辞・接尾辞 ②

会話 136 DL

A: **Sebenarnya saya mau membeli buku harian.**
スブナールニャ サヤ マウ ムンブリ ブク ハリアん
本当は私は日記帳を買いたいです。

B: Mau membelinya di mana?
マウ ムンブリニャ ディ マナ
それをどこで買いたいですか。

A: Di mana saja. Yang penting, saya ingin mendapatnya secepat mungkin.
ディ マナ サジャ ヤン プンティン サヤ インギん ムンダパッ(ト)ニャ スチェパッ(ト) ムンキん
どこでもよいです。重要なことは私はできるだけ早くそれを手に入れたいです。

文法

◈ n y a

⑴ 3 人称単数の所有格，目的格

kamarnya 彼／彼女の部屋，kepadanya 彼／彼女へ

⑵ 前述したこと (その) = the

⑶ 名詞化（形容詞，動詞 + nya）

panjangnya 長さ，berangkatnya 出発

⑷ 副詞化 （形容詞，動詞 + nya）

kelihatannya ～のようです，sebenarnya 本当は

⑸ **強調**

Saya haus, tetapi minumannya tidak ada.

（私は喉が渇いていますが飲むものがありません）

⑹ **感嘆文（bukan main / alangkah + 形容詞 + nya）**

Bukan main tingginya orang itu!

（その人はなんと背が高いことでしょう！）

Alangkah cantiknya wanita itu!

（その女性はなんと美しいのでしょう！）

◈ s e

⑴ **1**

seorang　一人 , seribu　千

⑵ **同じ**

se + 名詞　　sekelas　同じクラス

se + 形容詞　　sebesar　同じ大きさ

⑶ **全体**

sedunia　全世界

se-Asia　アジア全土

sekampung ini　この田舎中

（Orang sekampung ini menderita penyakit itu. この田舎中の人はその病気にかかりました）

⑷ **～の限り**

semau　欲しいだけ

（Makanlah semau Anda. 好きなだけ食べなさい）

setahu saya　私の知る限りでは

sepuas hati　満足するまで

（Dia menonton TV sepuas hati. 彼は満足するまでテレビを観ました）

⑸ ～したあとすぐに

Sepulang dari kantor, saya makan malam.
（会社から帰るとすぐに夕飯を食べました）

⑹ 副詞化（se＋形容詞＋nya）

sebaiknya　～したほうが良い
sebenarnya　本当は
seharusnya　～するべきだ

⑺ ｓｅ ＋ 動詞＋ｎｙａ：～のあと

setibanya　着いたあと

⑻ ｓｅ＋時間＋ａｎ：～中（＝ sepanjang）

seharian　一日中
semalaman　一晩中

⑼ ｓｅ＋ 形容詞／助動詞＋mungkin：できる限り～

secepat mungkin　できる限り早く
（Anda harus mengerjakan PR secepat mungkin. あなたはできる限り早く宿題をしなければなりません）

⑽ ｓｅ＋形容詞・形容詞＋ｎｙａ：どんなに～でも

secepat-cepatnya　どんなに早くても
seramai-ramainya　どんなに賑やかでも
sekurang-kurangnya　少なくとも

◈ ａｎ

⑴ 動詞＋ａｎ：～されるもの，形容詞＋ａｎ：語幹の性格を持ったもの，名詞＋ａｎ：集合体，種類

minuman　飲み物
manisan　甘いもの
lautan　大洋，海洋
lukisan　描かれたもの，絵画
kotoran　汚いもの
daratan　大陸

⑵ 時を表す名詞 + a n : 毎～, ～ごとの

harian　毎日の　　musiman　毎シーズンの

⑶ 数詞 + a n : 数～もの, ～の位

satuan　1の位, 単位

puluhan　数十もの, 十の位

⑷ 場所を表す名詞 + a n : 人を表す

atasan　上司　　bawahan　部下

⑸ 名詞+名詞 + a n : ～に似たもの, ～類

orang-orangan　かかし　mobil-mobilan　おもちゃの自動車

bunga-bungaan　花類　sayur-sayuran　野菜類

◈ 重複

⑴ 語の重複

名詞（複数）　orang-orang　人々, lima-lima　5人ずつ

形容詞（強調）Cepat-cepat tidur.　早く寝なさい

動詞（無目的）Saya duduk-duduk minum teh.
ゆっくり座ってお茶を飲みます

⑵ 語の重複 + an

複数　buah-buahan　果物類

類似　kapal-kapalan　模型の船

⑶ 一部音韻に変化

bolak-balik　行ったり来たり

複数　sayur-mayur　野菜類

⑷ 接辞 + 語根重複 : ～し続ける

melihat-lihat　見続ける

⑸ 語根 + 接辞 + 語根 : 互いに～しあう

tolong-menolong　助け合う

◈ saja

(1)

平叙文	疑問文
apa saja　何でも	apa saja?　何と何？
siapa saja　誰でも	siapa saja?　誰と誰？
dari/di/ke mana saja どこ（から / で / へ）でも	ke mana saja?　どことどこへ？

Cf. di mana-mana（どこにでも）

kapan saja　いつでも

berapa saja　いくつでも

◈ 否定詞 + 動詞 + 疑問詞の重複

1. tidak ~ apa-apa　何も～しない
2. tidak ~ siapa-siapa　誰とも～しない
3. tidak ~ ke mana-mana　どこへも～しない

例文 137 DL

Kakek saya sedang membaca koran harian.
（私の祖父は日刊紙を読んでいます）

Anda bisa pergi ke mana? Saya bisa pergi ke mana saja.
（あなたはどこへ行けますか？ 私はどこへでも行けます）

Amir mau makan apa? Dia mau makan apa saja.
（アミールは何を食べたがっていますか？ 彼はなんでも食べたがっています）

Setahu saya, akhirnya dia diopname.
（私の知る限り彼は最終的に入院しました）

Di pasar itu sayur-sayuran dan buah-buahan dijual.
（その市場で野菜類と果物類が売られています）

問題

次の日本語をインドネシア語に直しなさい。

1. その山の高さは約 3,000 メートルです。
2. この女性はなんと美しいのでしょう！
3. 私の上司は毎晩日記を書きます。
4. 彼のクラスメートはこのお菓子を満足するまで食べます。
5. 私の知る限りその映画俳優は 10 年前に結婚しています。
6. 彼はインドネシアから帰国したあとすぐに入学試験を受けます。
7. あなたはできるだけ早くジャカルタへ出発したほうが良いです。
8. 私たちはこのプロジェクトの中でお互いに助け合わなければなりません。
9. 私はなんでも食べられます。
10. あなたは北海道でどことどこへ行きましたか？

単語 138 DL

buku harian	「日記」	koran harian	「日刊紙」
diopname	「入院する」	bintang film	「映画俳優」
ujian masuk universitas	「大学入試」	mengikuti	「参加する，（試験など）受ける」
proyek	「プロジェクト」		

Pelajaran 34

私は甘い飲み物が好きです。

名詞

会話 139 DL

A: **Saya suka minuman yang manis.**
サヤ スカ ミヌマん ヤン マニス
私は甘い飲み物が好きです。

B: Bagaimana dengan makanan?
バガイマナ ドゥんガん マカナん
食べ物はどうですか。

A: Saya tidak suka makanan yang manis.
サヤ ティダッ(ク) スカ マカナん ヤン マニス
私は甘い食べ物は好きではありません。

文法

名詞は次のように分けられます。

Ⅰ．単純名詞
Ⅱ．複合名詞
Ⅲ．語根（動詞・名詞・形容詞）＋ an
Ⅳ．pe ＋ 語根（動詞・名詞・形容詞）
Ⅴ．pe ＋ 語根（me 動詞）＋ an
Ⅵ．per ＋ 語根（ber 動詞・名詞）＋ an
Ⅶ．ke ＋ 語根（形容詞・名詞・動詞）＋ an

I. 単純名詞

接頭辞も接尾辞もつかない語根だけの名詞（カッコの中は語源）

例 ＊warna 「色」（サンスクリット語）　kepala 「頭，長」（サンスクリット語）
rakyat 「人民」（アラビア語）　waktu 「時」（アラビア語）
lénsa 「レンズ」（英語）　buku 「本」（オランダ語／英語）
mentéga 「バター」（ポルトガル語）　sekolah 「学校」（ポルトガル／スペイン語）
etc.

＊例のような外来語はたくさんあります。

II. 複合名詞

2 語で 1 つの意味を成す名詞

例 keréta api 「汽車」　tanda tangan 「署名」
orang tua 「両親」　rumah sakit 「病院」
kapal terbang 「飛行機」　tanah air 「祖国」

III. 語根（動詞・名詞・形容詞）＋ an

語根の特色を持つ名詞，集合体

例 paka*ian* 「服」（pakai → 消用する，使用する）
maka*nan* 「食べ物」（makan → 食べる）
bantu*an* 「手助け」（bantu → 手伝う）
mani*san* 「甘い物」（manis → 甘い）
asi*nan* 「漬けもの」（asin → 塩辛い）
dara*tan* 「大陸」（darat → 陸）
lau*tan* 「大洋」（laut → 海）

IV. pe + 語根（動詞・名詞・形容詞）*

行為者，道具を表す名詞

例 *pen*dengar	「聴衆」	(dengar → 聞く)
*pen*curi	「どろぼう」	(curi → 盗む)
*pem*beli	「買い手」	(beli → 買う)
*peng*garis	「定規」	(garis → 線)
*pe*laut	「船員，船乗り」	(laut → 海)
*pe*nyanyi	「歌手」	(nyanyi → 歌)
*pe*malas	「なまけもの」	(malas → 怠惰な)

* *pe* の変化の仕方は me 動詞の *me* の変化形と同じ (25 課参照)。

V. pe + 語根（me 動詞）+ an

抽象名詞

*pem*beri*an*	「贈物」	(memberi → 与える)
*peng*erti*an*	「理解」	(mengerti → 理解する)
*pem*bersih*an*	「掃除」	(membersihkan → 消掃する，きれいにする)
*pen*didik*an*	「教育」	(mendidik → 教育する)
*pe*nerang*an*	「説明」	(menerangkan → 明らかにする)

VI. per + 語根（ber 動詞・名詞）+ an

抽象名詞

*per*jalan*an*	「旅行，行程」	(berjalan → 歩く)
*per*tanya*an*	「質問」	(bertanya → 質問する)
*per*temu*an*	「会議」	(bertemu → 会う)
*pe*kerja*an*	「仕事」	(bekerja → 働く)
*per*sahabat*an*	「友情」	(sahabat → 友だち)
*per*hati*an*	「注目，注意」	(hati → 心)
*per*tani*an* ❶	「農業」	(tani → 田を耕す)
*per*dagang*an*	「商業」	(dagang → 商売)
*per*ikan*an*	「漁業」	(ikan → 魚)

VII. ke + 語根（形容詞・名詞・動詞）+ an

抽象名詞

*ke*cantik*an*	「美」	(cantik → 美しい)
*ke*bersih*an*	「清潔」	(bersih → 清潔な)
*ke*merdéka*an*	「独立」	(merdéka → 独立した)
*ke*sukar*an*	「困難」	(sukar → 難しい)
*ke*hidup*an*	「生活」	(hidup → 生活する，生きる)
*ke*maju*an*	「進歩」	(maju → 進む)
*ke*ada*an*	「状態」	(ada → いる，ある)
*ke*raja*an* ❷	「王国」	(raja → 王)
*ke*duta*an*	「総領事館」	(duta → 使節)

❶ 業種を表すこともあります。❷ 場所を示すこともあります。

pe(r)-an と ke-an 名詞の違い

両名詞とも抽象名詞を表しますが，**pe(r)-an** はそれに向かっての**行動を表し，ke-an は概念を表します**。

perbaikan	「改善」	pengadilan	「裁判」
kebaikan	「善意」	keadilan	「正義」
persatuan	「統合」		
kesatuan	「統一」		

例文 140 DL

Ayah saya suka minum minum*an* keras.
（私の父は酒類を飲むのが好きです）

Pikir*an* wanita itu baik sekali.（その女性の考えは大変よいです）

*Pem*bantu saya *pe*nakut.（私のお手伝いはこわがりです）

*Pe*muda itu sangat pintar.（その若者は大変頭がよいです）

*Pem*buka*an* pésta itu sangat ramai.
（そのパーティーのオープニングは大変盛大です）

*Pen*geluar*an* negara Indonésia lebih besar daripada *pen*dapat*an*nya.
（インドネシア国の歳出は歳入よりも多いです）
*Per*dagang*an* di antara Indonésia dan Jepang sangat lancar.
（インドネシアと日本間の貿易は大変順調です）
Apa *pe*kerja*an* Anda?（あなたの職業は何ですか）
Saya menghadapi *ke*sukar*an*.（私は困難に直面しました）
Hal itu paling menyenangkan di dalam *ke*hidup*an* saya.
（そのことは私の生涯の中で最も楽しいことでした）
*Ke*ada*an* orang *pe*nyakit itu payah.（その病人の状態は危険です）

問題

I. 次の（　　）の中の単語を -an, pe-, pe-an のいずれかの形にしなさい。

1. Jumlah (duduk) Tokyo lebih dari 10.000.000 orang.
2. (baca) buku ini menangis.
3. Mahasiswa itu dikirim ke Jepang atas (bantu) JICA.
4. Di depan kantor saya tidak ada orang yang menjual (minum).
5. (kerja) di kantor saya sangat berat bagi saya.
6. Taraf (didik) di univérsitas itu sangat tinggi.
7. Sékretaris saya terkenal sebagai seorang (takut).

II. 次の（　　）の中の単語を per-an か ke-an の形に直しなさい。

1. Dengan kapal terbang memakan waktu 1 setengah jam (jalan) dari Jakarta ke Singapura.
2. Jepang mengadakan (janji) dengan negara ASÉAN.
3. Banyak orang Jepang kagum melihat (indah) pemandangan di Bali.
4. (ada) di antara kedua negara itu baik.
5. Tiongkok adalah negara (tani).

6. Kepala kantor saya mengadakan (temu).
7. Kita harus menjaga (bersih) dan (séhat) di dalam pabrik ini.
8. Tanggal 17 Agustus adalah Hari (Merdéka) bagi bangsa Indonésia.

III. 次の文を読んで訳しなさい。

Rumah Hantu

Meskipun Yudi sudah lama mendengar bahwa rumah itu berhantu, ia berteduh di situ karena hujan lébat.

Rumah itu sudah lima tahun kosong. Sejak pemilik rumah itu meninggal dunia, tidak ada yang mau tinggal di situ. Rumahnya gelap, lembab, dan alat-alat rumah tangganya sudah rusak.

Yudi terpaksa bersandar di pintu depan. Hatinya tambah takut. Karena angin bertiup dengan keras, dia masuk ke dalam rumah. Kamar itu gelap, dingin dan bau tanah. Tiba-tiba ada suara dari langit-langit. Terdengar suara dari kamar sebelah juga. Yudi merasa ada sesuatu di belakangnya. Dia memikirkan suara apa itu sebenarnya. Makin lama makin takut bayangan yang timbul di kepalanya. Akhirnya dia berteriak dalam hati, "Hantu!"

Karena takut, Yudi lari keluar dari rumah hantu itu tanpa berpikir apa-apa ke arah rumah sendiri.

Di atas langit-langit rumah tua itu dua ékor tikus sedang menggigit kayu.

単語 142 DL

pemuda (muda)	「若者，青年」	**pembukaan (buka)**	「開始」
pengeluaran (keluar)	「歳出，支出」	**pendapatan (dapat)**	「歳入，収入」
pemandangan (pandang)	「景色」		
taraf	「レベル」	**janji**	「約束」
hantu	「幽霊，おばけ」	**debu**	「ほこり」
bau	「臭う，臭い」	**langit-langit**	「天井」
sesuatu	「あるもの」	**bayangan**	「想像」
arah	「方向」	**minuman keras**	「酒類」
ramai	「にぎやかな」	**lancar**	「円滑な」
payah	「ひどい，困った状態」	**terkenal**	「有名な」
lébat	「すごい（雨が）」	**lembab**	「湿っぽい」
mengadakan (ada)	「行う」	**menghadapi (hadap)**	「直面する，その前に座る」
menjaga (jaga)	「見張る，警戒する」		
bersandar di ~	「～によりかかる」	**berteduh (teduh)**	「雨宿りする」
bertiup (tiup)	「（風が）吹く」	**berteriak (teriak)**	「叫ぶ」
timbul	「浮び上がる」	**kagum**	「感銘する」
sebenarnya	「本当は」		

Pelajaran 35
電話のかけ方

会話

1. 相手が電話口に出た場合 143 DL

Bapak Ali: Halo, boléh bicara dengan Bapak Zahar?
もしもしザハールさん，いらっしゃいますか。

Bapak Zahar: Ya, saya sendiri. Ini dari mana?
はい，私です。どちらさまですか。

Bapak Ali: Saya Ali.
私はアリです。

2. 相手が電話口の近くにいる場合 144 DL

Bapak Ali: Halo, bisa bicara dengan Bapak Zahar?
もしもし，ザハールさん，いらっしゃいますか。

Sékretaris: Ya, ini dari mana?
はい，どちらさまですか。

Bapak Ali: Ini Ali dari PT Subur.
こちらはスブール株式会社のアリです。

Sékretaris: Ya, tunggu sebentar.
はい，少々お待ち下さい。

Bapak Zahar: Halo, ini Zahar.
もしもし，ザハールです。

3. 相手が不在の場合

a. 出張中の場合

Bapak Ali: Halo, ada Bapak Zahar?*
もしもし，ザハールさんいますか。

Sékretaris: Bapak Zahar pergi dinas ke luar kota.
ザハールさんは地方へ出張しています。

＊親しい人に電話をする場合は，これで十分ですが，
Bolèh bicara dengan ～を使ったほうが丁寧。

b. トイレなど近くに行き，席にいない場合

Bapak Ali: Halo, bolèh bicara dengan Bapak Zahar?
もしもし，ザハールさんいらっしゃいますか。

Sékretaris: Bapak Zahar sedang tidak ada di tempat.
ザハールさんは今，席をはずしています。

c. 電話中の場合

Bapak Ali: Halo, ada Bapak Zahar?
もしもし，ザハールさんいますか。

Sékretaris: Bapak Zahar sedang berbicara di télépon lain.
ザハールさんは，他の電話に出ております。

d. 外出している場合

Bapak Ali: Halo, bisa bicara dengan Bapak Zahar?
もしもし，ザハールさん．いらっしゃいますか。

Sékretaris: Bapak Zahar sedang keluar. Ini dari mana?
ザハールさんは外出中です。どちらさまですか。

Bapak Ali: Ini Ali dari PT Subur. Bolèh saya titip pesan untuk Bapak Zahar?
スブール株式会社のアリです。 ザハールさんに伝言をお願いしてもよろしいですか。

Sékretaris: Ya, silakan.
はい，どうぞ。

Bapak Ali: Tolong sampaikan kepada Bapak Zahar bahwa saya ingin berbicara dengannya secepat mungkin, jadi saya menunggu télépon dari Bapak Zahar di kantor.
私はできるだけ早くザハールさんとお話がしたいので，会社で，ザハールさんからの電話をお待ちしているとお伝え下さい。

Sékretaris: Baik, pasti akan saya sampaikan hal ini kepada Bapak Zahar.
かしこまりました。このことを必ずザハールさんに伝えておきます。

Bapak Ali: Terima kasih.
ありがとうございました。

Sékretaris: Terima kasih kembali.
どういたしまして。

4. 間違い電話の場合

146 DL

Bapak Ali: Halo, ada Bapak Zahar?
もしもし，ザハールさんいますか。

Nona Yati: Salah sambung. Di sini tidak ada Bapak Zahar.
間違い電話です。ここにはザハールさんという人はいません。

Bapak Ali: Ini bukan 774994?
774994 ではありませんか。

Nona Yati: Bukan. Nomor télépon saya 775994.
いいえ。私の電話番号は 775994 です。

Bapak Ali: Maaf, ya.
すみませんでした。

Nona Yati: Tidak apa-apa.
いいえ，どういたしまして。

5. 内線にかける場合

Bapak Ali: Halo, ini 330567?

もしもし，330567 ですか。

Sékretaris: Ya.

はい。

Bapak Ali: Tolong sambung dengan pesawat 105.

内線 105 につないで下さい。

Sékretaris: Baik. Tunggu sebentar.

かしこまりました。少々お待ち下さい。

単語 

PT (=perséroan terbatas)	「株式会社」
pesawat	「内線，機械」
baik	「かしこまりました」
dinas	「社用，公務」
menyambung (sambung)	「つなぐ，接続する」
sebentar	「少々（時間が）」
menitip (titip)	「預ける」

Pelajaran 36

手紙の書き方

◆ **公式文書** 例 

〔手紙の番号〕 No.　: 233/KEU/22 〔日付〕 19 Novémber 2022

〔添付書類の枚数〕 Lamp. : 2 helai

〔手紙の主旨〕 Hal　: Pesanan kipas angin

〔宛　先〕 Kepada Yth.
Direktur PT Sinar Budi

〔相手の住所〕 Jln. Thamrin no. 53
Jakarta 10340

〔拝　啓〕 Dengan hormat,

〔手紙の内容〕

Dengan ini kami minta sudilah Tuan mengirimkan kepada kami 2 (dua) buah kipas angin merek "Panasonic" type F.30 ukuran 12" harga Rp.2.500.000 per buah dengan perantaraan bis malam ekspress "Bhayangkata."

Uang pembayar kipas angin tersebut sebesar Rp.5.000.000 (lima juta rupiah) telah kami kirimkan hari ini ke alamat Bapak melalui Bank Bumi Daya, cabang Bandung. Salinan tanda bukti pengiriman uang kami lampirkan pada surat ini.

Bila mutunya memang sesuai dengan keterangan teknis seperti yang tercantum dalam brosurnya sudah pasti kami akan memesan lagi dalam jumlah yang lebih besar. Untuk itu kami harapkan Bapak dapat memberikan korting yang memuaskan.

Kami harap kipas angin itu dapat kami terima dalam minggu ini.

Sambil menunggu kiriman Bapak sebelumnya kami ucapkan terima kasih.

〔敬　　具〕 Hormat kami,

〔差出社名〕 PT Sumber Daya

〔署　　名〕 *Emma Madjid* 〔肉筆の署名〕

〔差出人〕 E. Madjid

〔役職名〕 Direktur

〔手紙の内容を書いた人のイニシャル〕
↑
EM/MT
↓
〔タイプを打った人のイニシャル〕

◆ 手紙の訳文

番　　号：233/KEU/22　　　　　　　　　　2022 年 11 月 19 日

添付書類：2 枚

内　　容：扇風機の注文

〒 10340
ジャカルタ市タムリン通り 53 番地
Sinar Budi 株式会社取締役様

拝啓

パナソニックの F30 タイプ，12 サイズで単価 2.500.000 ルピアの扇風機を夜行バス"バヤンカタ"で 2 台お送り下さるようお願いいたします。

上記扇風機の代金 5.000.000 ルピアは本日ブミ・ダヤ銀行バンドン支店より貴社の住所宛てにお送りいたしました。その送金証明書を本書類に添付いたします。

この品質が説明書に書かれている技術説明通りであれば，今後大量の注文をしたいと思いますので，満足のいく価格に値下げして下さいますようお願いいたします。

今週中に扇風機を受領したいと思います。

よろしくお願い申し上げます。

敬具

Sumber Daya 株式会社

Emma Madjid〔サイン〕

E. Madjid

取締役

EM ／ MT

◈ 手紙の書出し

日本語のように時候のあいさつなどは必要なく，下記のような文で書き始めます。

Dengan ini kami beritahukan, bahwa……
（この書面で次のことをお知らせいたします）
Bersama ini kami sampaikan kepada Anda……
（本書面で次のことをあなたにお伝えいたします）
Sebagaimana Bapak telah maklum, bahwa……
（すでにご存知のように…）
Sehubungan dengan surat Bapak tanggal……no.……
（貴殿の～日付～号の手紙に関して……）
Memenuhi surat Bapak tanggal……
（貴殿の～日付手紙のお返事として……）
Kami sangat gembira menerima surat Bapak tanggal…… no.…… mengenai…………
（私どもは～に関する～日付～号の手紙をありがたく受領いたしました）

◈ 手紙の終り

Demikianlah agar Bapak maklum adanya.
（以上ご承知おき下さるようお願いいたします）
Atas perhatian Bapak kami ucapkan terima kasih.
（貴殿のご配慮にお礼を申し上げます）
Atas bantuan Bapak sebelumnya kami ucapkan terima kasih banyak.
（どうぞよろしくお願いいたします）
Menunggu kabar lebih lanjut dari Bapak dengan segera.
（貴殿より，さらに詳細な書状を至急お待ちしております）

◈ 頭語

Dengan hormat,	「拝啓」
Bapak Joko yth., ❶	「尊敬すべきジョコ様へ」
Nona Emma yang tercinta,	「親愛なるエマへ」
Susi yang cantik,	「美しいスシへ」
Tati yang manis,	「かわいいタティへ」
Ali yang baik hati	「親切なアリへ」

◈ 結語

Hormat kami, ❷	「敬具」
Hormat saya,	「草々」
Salam saya,	「私より」
Salam manis saya, ❸	「私より愛をこめて」

❶ yth. は yang terhormat の略で目上の人に使います。

❷ 会社を代表して出すような公式文書の場合に使います。

❸ 女の子が使う結語。

◆ **非公式文書** 例 150 DL

Tokyo, 25 Februari 2023

Nona Emma yang tercinta,

Sudah satu bulan saya tidak menulis surat kepada Emma. Maaf, ya, karena saya harus belajar untuk mengikuti ujian semester kedua.

Bagaimana kabarmu, Emma? Saya sekeluarga baik-baik saja semua di Jepang.

Kapan Emma bisa datang ke rumah saya? Saya menanti hari yang dapat bertemu lagi dengan Emma.

Sampaikan salam saya kepada ibu dan adik Emma.

Salam manis saya,

Kyoko Funada 〔肉筆で〕

単語 

lamp. (= lampiran)	「添付書類」	**hal (=perihal)**	「ことがら，問題」
pesanan	「注文(品)」	**kipas angin**	「扇風機」
mérék	「ブランド，商標」	**ukuran**	「大きさ，サイズ」
perantaraan	「配達」	**cabang**	「支店，枝」
tanda	「印」	**bukti**	「証明，証拠」
keterangan	「説明」	**brosur**	「ちらし」
korting	「ディスカウント」	**seméster**	「学期」
perhatian	「注目，関心」	**hormat**	「尊敬」
sudi	「好む」	**lanjut**	「続いている」
gembira	「うれしい」	**segera**	「直ちに」

◇ 手紙の訳文

東京　2023年2月25日

親愛なるエマへ

この一か月間，私はエマに手紙を書きませんでした。

ごめんなさい。だって2学期の試験勉強をしなければならなかったんですもの。

エマ，いかがお過ごしですか。私と家族は日本で皆，元気に暮らしています。

エマはいつ私の家に来れますか。私はエマに会える日を楽しみにしています。

お母さんと弟（妹）さんによろしくね。

私より愛をこめて

舟田京子

152 DL

memuaskan (puas)	「満足させる」
melampirkan (lampir)	「添付する」
memenuhi (penuh)	「満たす」
mengharapkan (harap)	「望む，期待する」
maklum	「承知している」
hendak	「望む」
tercantum	「記述される」
sesuai dengan	「～に相応する，一致する」

Pelajaran 37

読物

Lebaran（断食明け祭日）

Hari Lebaran ramai sekali, karena merupakan hari raya yang paling besar di Indonésia dan bagi umat Islam di dunia. Pakaian meréka baru dan bagus. Umat Islam di Indonésia senang dan gembira.

Semalam sebelumnya tabuh dibunyikan terus-menerus. Di mesjid-mesjid terdengar orang memuji-muji kepada Allah.

Semua keluarga bangun pagi-pagi. Anak-anak gembira karena bisa memakai pakaian baru. Ibu-ibu sibuk memasak dan menghidangkan banyak masakan dan kué di atas méja.

Meréka pergi ke mesjid untuk sembahyang. Sesudah itu mengunjungi orang tua atau famili sendiri dan saling bermaaf-maafan. Ada keluarga yang pergi ke kuburan keluarga untuk mengirim doa dan membersihkan kuburan, lalu menabur*bunga.

＊インドネシアではお墓に花を供える時，花びらだけをお墓の上に撒くことが多いです。

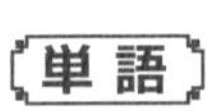

lebaran	「断食明け祝祭日」	**umat**	「信徒」
tabuh	「太鼓（イスラム寺院用）」	**memuji-muji (puji)**	「賞賛する」

menghidangkan (hidang)	「供える」	**masakan**	「料理」
sembahyang	「アラーに対する祈り」	**saling**	「互いに」
bermaaf-maafan	「互いにあやまる」	**kuburan**	「墓」
doa	「祈り」	**terus-menerus**	「ひっきりなしに」
menabur (tabur)	「蒔く」	**membunyikan (bunyi)**	「音をたてる」
merupakan (rupa)	「～である」		

レバラン

レバランとは断食明け祭日のことで，イスラム教徒が国民の約90%を占めるインドネシアでは，日本の正月のように1年で最も大きな祝日となっています。回教暦で日を決めるので毎年，月日は異なりますが，だいたい前年より半月早まります。

イスラム教徒にはいくつかの義務が課せられています。すなわちsyahadat（入信の宣言），salat（礼拝），puasa（断食），zakat（貧しい人への施し物），naik haji（メッカ巡礼）です。このうち断食は，貧しい人のつらさや飢えを自ら経験するためのものです。レバランの1か月前から1か月間，朝明るくなってから夕方暗くなるまで水1滴飲んでもいけないという断食を行います。

レバラン当日は子供たちは新しい洋服を着，大人は普通，民族衣装を着てごちそうを食べます。この日，親せき一同が親の元へ集まり，目上の人に対して，自らの罪の許しをこいます。またお墓参りへ行く人たちもいます。したがって，お手伝いさんなども含む町で働く人や学生たちの帰省ラッシュがレバランの2～3日前からおこります。

Candi Borobudur（ボロブドゥール寺院）

Candi Borobudur terletak di daérah Magelang, Jawa Tengah. Candi itu terkenal di seluruh dunia.

Borobudur adalah bangunan yang sangat tua. Umurnya lebih dari 1.000 tahun. Berabad-abad lamanya candi itu kena hujan dan matahari.

Seluruh bangunan itu terbuat dari batu. Besi tidak dipakai untuk membangun candi itu. Bangunan itu bertingkat-tingkat. Tingkat bawah berbentuk segi empat. Tingkat atas berbentuk bundar. Di puncaknya ada sebuah stupa raksasa.

Dari jauh candi Borobudur kelihatan seperti sebuah gunung. Besar di bawah dan makin kecil di atas. Candi itu sangat besar dan tinggi. Alasnya lebih luas dari lapangan sépak bola.

Kalau kita memasuki candi Borobudur, kita akan melihat pahatan-pahatan pada dindingnya serta patung-patung. Lukisan itu menceritakan kehidupan Sidarta Gautama.

単語

matahari	「太陽」	**kena**	「当たる」
berbentuk (bentuk)	「～の形をしている」	**tingkat**	「段，階」
bundar	「丸い」	**segi empat**	「4 角」
stupa	「ストゥーパ」	**puncak**	「頂上」
alas	「土台」	**raksasa**	「巨大な，巨人」
pahatan	「彫刻」	**lapangan sépak bola**	「サッカー場」
lukisan	「絵画」	**patung**	「石像，木彫り」
dinding	「壁」	**serta**	「および，ともに」

仏教遺跡ボロブドゥール寺院

ボロブドゥール寺院は760年頃から造営され始め，850～860年頃に完成したとみられています。その創建はシャイレンドラ王朝によるものですが，この王朝が10世紀に中部ジャワの歴史から忽然と消えてしまうのと同様にボロブドゥールもジャングルの奥深く姿をひそめてしまいました。その後1814年イギリスの総督ラッフルズによって密林の中から発見され，現在にいたっています。

全体は方形六層と円形三層から成り，基壇は東西南北にそれぞれ120メートルの長さで，段をなすピラミッド形になっています。本体は安山岩から成り，100万個以上を積み上げ作られています。下6層は方形，上3層が円形で，その上に巨大なストゥーパがそびえています。円形の3層には釣り鐘形の小さなストゥーパが配置され,その中に仏像(504体)が置かれ,壁は浮き彫りになっていて,1450面に釈尊の生涯や仏教説話，善財童子の物語が描かれ，延々4キロメートルにも及んでいます。

ボロブドゥール寺院　(円形部ストゥーパ)

▲上層円形部

▼上から見た図

▼横から見た図

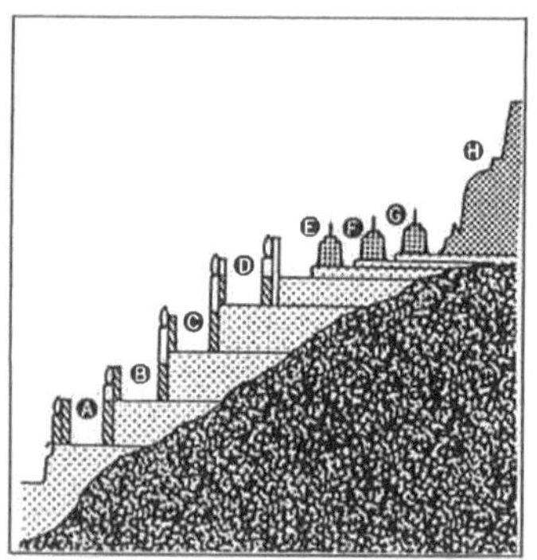

A 第一回廊　B 第二回廊　C 第三回廊　D 第四回廊　E 第一円壇
F 第二円壇　G 第三円壇　H 大ストゥーパ

Batik（バティック）

“Batik” terkenal sebagai salah satu hasil kebudayaan nasional Indonésia. Batik terdiri dari “batik tulis,” “batik cap” dan “batik cétak mesin”. Dari ketiga macam ini, yang paling dihargai adalah “batik tulis” dan “batik cap.”

Bangsa Indonésia sudah lama pandai membatik, yaitu sejak abad keduabelas. Pada mulanya hanya putri kraton saja belajar membatik. Dan “batik cap” baru mulai dibuat sejak tahun 1850.

Seni batik merupakan seni tradisi dan klasik khas kebudayaan Indonésia. Batik tidak hanya dipakai oléh wanita saja, tetapi juga pria. Baju batik merupakan pakaian resmi bangsa Indonésia. Batik Indonésia, terutama “batik tulis” sangat terkenal dan disenangi di luar negeri. Hampir semua orang asing yang mengunjungi Indonésia membeli batik yang berbentuk pakaian, taplak méja, dompét dsb..

単語

158 DL

salah satu	「～の中の一つ」	**cap**	「スタンプ」
kebudayaan	「文化」	**seni**	「芸術」
cétak	「印刷」	**kraton**	「王宮」
terutama	「特に」	**khas**	「特殊，独特」
taplak méja	「テーブルクロス」	**putri**	「王女，女子」

menghargai (harga) 「高く評価する」
menyenangi (senang) 「好む」
pada mulanya 「当初は」

バティック

バティック (batik) とはジャワ更紗のことで，ジャワのろうけつ染めです。高価な手書きと型押しのもの，そして最近ではプリントのものがありますが，一般にバティックと言われているのは手書きのものと型押しのものです。

12 世紀頃から作られ始めましたが，初めは王宮の女性たちだけが手書きで作っていました。しかししだいに一般庶民にも広がり，今やバティックはインドネシアの伝統芸術の代表となっています。2009 年には無形文化遺産に認定されています。

布地として木綿が使われていましたが，現在では高価なものには絹そして一般的なものには化学繊維が使われ始めています。手書きには数百万ルピアもするカイン用（長さ約 2.5 メートルで腰に巻く布）で，完成まで数か月もかかるものがあります。

バティックの長袖の服は男女ともに正装とみなされ，結婚式やその他のパーティーの時によく着られています。

バティックを描いている女性

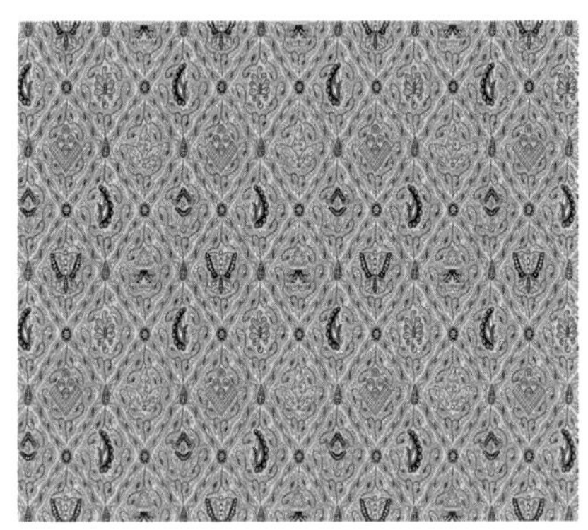

バティックの代表的模様

Pahlawan Bangsa（国民の英雄）

Indonésia dijajah oléh Belanda hampir 400 tahun, dan dijajah Jepang selama 3 setengah tahun.

Pahlawan seperti: Pattimura, Pangéran Diponegoro, Teuku Umar adalah penentang pemerintah Belanda.

Pada bulan Agustus tahun 1945 Jepang takluk kepada tentara Sekutu.

Pemimpin-pemimpin Indonésia memproklamasikan kemerdékaan negara Indonésia pada tanggal 17 Agustus tahun 1945 (seribu sembilan ratus empat puluh lima) jam 10.00 pagi di Jln. Pegangsaan Timur no. 56. Jakarta. Naskah Proklamasi kemerdékaan ditandatangani oléh Ir. Soekarno dan Drs. Mohammad Hatta.

Setelah itu Belanda masih ingin berkuasa di Indonésia. Pemuda-pemuda Indonésia melawan musuh yang datang untuk menjajah Indonésia. Tokoh utamanya Sutomo. Perjuangan itu mempertahankan Indonésia.

Akibat dari pergerakan tersebut, maka pada setiap tanggal 10 Novémber di Indonésia diperingati sebagai Hari Pahlawan.

単語

pahlawan	「英雄」
bangsa	「民族」
menjajah (jajah)	「占領する」
penentang	「反対者」
tentara Sekutu	「連合軍」
takluk	「降伏する」
memproklamasikan (proklamasi)	「宣言する」

pemimpin 「指導者」
kemerdékaan 「独立」
naskah 「原稿」
berkuasa (kuasa) 「勢力を持つ，権限を持つ」
melawan (lawan) 「抵抗する，敵対する」
musuh 「敵」
pergerakan 「運動，活動」
perjuangan 「闘争」
akibat 「結果」

❖参考書目❖

インドネシアの小学校社会科教科書
インドネシアの中学校国語科教科書
How to master the Indonesian Language

解　答

Pelajaran 1

1. buku, meja, sekolah, mobil, jam, kamar, lampu, lemari, roti, tas, anjing
2. kertas, kursi, kantor, perusahaan, sepéda, pénsil, pintu, lampu listrik, lemari buku, nasi, kucing, méja,
3. adik laki-laki, kakak perempuan, anak, ayah, guru, dosén, pembantu, laki-laki, polisi, anak perempuan, supir, murid
4. adik perempuan, kakak laki-laki, anak laki-laki, ibu, murid, mahasiswa, supir, perempuan, anak, ayah, guru

Pelajaran 2

1. Baik-baik saja. / Baik terima kasih.
2. Tidak apa-apa.
3. Terima kasih.
4. Selamat siang.

Pelajaran 3

1. bukan, susu 2. pohon, tetapi 3. bukan, guru 4. atap, tetapi
5. bukan, air 6. geréja, masjid 7. jendéla, tetapi 8. bukan, kuda
9. kunci, tetapi 10. mentéga, kéju 11. bukan, pagar
12. gelas, tetapi 13. bukan, toko

Pelajaran 4

1. e 2. f 3. i 4. b 5. d 6. j 7. c 8. g 9. k 10. m 11. h 12. l
13. n 14. a

Pelajaran 5

I 1. di 2. di 3. ke 4. di 5. ke 6. di 7. di 8. dari 9. ke 10. di

II〔私の部屋〕
私の部屋は（玄関からみて）私の母の部屋の奥にあります。この部屋は小さいですが，明るいです。私の部屋の窓は大きいです。左側にはベッドがあり，右側には机といすがあります。机の上には本とかぎがあります。私のねこがいすの下で寝ています。棚の中にお金があります。リニおばさんが私の部屋へ入ってきました。

Pelajaran 6

[I] 1. bukan 2. tidak 3. tidak 4. tidak 5. bukan 6. tidak 7. tanpa 8. tidak 9. bukan 10. tidak, tanpa 11. tanpa 12. tidak 13. bukan 14. tidak, bukan 15. tidak 16. tidak 17. tanpa 18. tidak 19. tidak, tanpa 20. tidak 21. tanpa 22. tidak 23. bukan

[II]〔私の兄〕
私の兄は日本の企業で働いています。兄のラフマッドは牛肉，鶏肉そして山羊の肉を食べるのが好きです。彼はビールとウイスキーを飲むのは好きではありませんが，コーヒーは好きです。兄の友人とその奥さんが来ました。そして兄の部屋は暗いので正面の部屋で彼らは話しています。

Pelajaran 7

[I]

1. Ya, saya datang dari rumah.
   Tidak, saya tidak datang dari rumah.
2. Tidak, saya tidak duduk di méja.
3. Ya, saya makan nasi.
4. Ya, saya mandi.
5. Ya, saya minum bir.
   Tidak, saya tidak minum bir.
6. Ya, saya pergi ke Indonésia.
   Tidak, saya tidak pergi ke Indonésia.
7. Tidak, saya tidak tidur.
8. Ya, saya tinggal di Tokyo.
   Tidak, saya tidak tinggal di Tokyo.
9. Ya, saya pintar berbahasa Indonésia.
   Tidak, saya tidak pintar berbahasa Indonésia.
10. Bukan, saya bukan orang Indonésia.

[II]〔日本にいる外国人〕

日本にはインドネシア人，アメリカ人，イギリス人，フランス人，ドイツ人，韓国人，中国人などがいます。

彼らは学校で勉強したり，会社で働いたりしています。

あなたの家の近くに外国人がいますか。

オランダ人が私の家の前に住んでいます。彼は色が白く，背が高いです。そして私の家へよく来てテレビを見ます。

Pelajaran 8

1. rumah besarnya 2. kamar baru saya 3. méja cokelat itu
4. jam mahal Anda 5. kebun kecil kami/kita 6. kamar terang ini
7. sepéda motor kakak laki-laki saya 8. tas ringannya
9. sepéda hitam Anda 10. surat kabarku/koranku
11. mobil guru itu 12. jalan panjang itu
13. sekolah adik perempuan Ali 14. jendéla rumah teman saya
15. teman mahasiswa ini 16. pintu kantor bersih itu
17. kopi manis ini 18. kapal terbang biru

Pelajaran 9

[I]

1. 私はインドネシア語を話すことができません。
2. ウィルマさんはその本を読んでもよろしいです。
3. 運転手は自動車の中で寝てはいけません。
4. ヤントさんはメガネを買わなければなりません。
5. お手伝いは服を洗たくしなければなりません。
6. その子供はねこと遊ぶことができます。
7. 私はジョクジャカルタへとても行きたいです。
8. おまえは私の家へ来る必要はありません。
9. そのなまけ者は働きたがりません。
10. あなたは英語で手紙を書く必要があります。

[II]

1. Polisi itu harus menangkap pencuri.
2. Kakak laki-laki saya harus mencuci mobil putih itu.
3. Anda tidak boléh pergi ke toko.

4. Ibunya tidak bisa datang ke rumah saya.
5. Dia boléh pergi ke sekolah.
6. Saya tidak mau makan daging babi.
7. Saya mau tidur di sini.
8. Anda tidak usah mencuci piring.
9. Pembantu itu bisa berbicara bahasa Jepang.
10. Mahasiswa perlu belajar di univérsitas.

[III]

1. Ya, dia harus pergi ke kantor.
   Tidak, dia tidak perlu pergi ke kantor.
2. Ya, Anda boléh pulang sekarang.
   Tidak, Anda tidak boléh pulang sekarang.
3. Ya, kakak saya mau belajar bahasa Indonésia.
   Tidak, kakak saya tidak mau belajar bahasa Indonésia.
4. Ya, orang itu tidak usah bekerja.
   Tidak, orang itu perlu bekerja.
5. Ya, Nyonya Déwi bisa membaca koran.
   Tidak, Nyonya Déwi tidak bisa membaca koran.
6. Ya, Anda perlu datang ke kantor saya.
   Tidak, Anda tidak perlu datang ke kantor saya.
7. Ya, saya suka makan sayur.
   Tidak, saya tidak suka makan sayur.
8. Ya, saya mau menulis surat di rumah saya.
   Tidak, saya tidak mau menulis surat di rumah saya.
9. Ya, saya harus makan banyak.
   Tidak, saya tidak perlu makan banyak.
10. Ya, aku bisa datang ke rumahmu.
    Tidak, aku tidak bisa datang ke rumahmu.
11. Ya, dia harus pergi ke kanan.
    Tidak, dia tidak usah pergi ke kanan.
12. Ya, guru itu bisa pergi ke Surabaya dengan keréta api.
    Tidak, guru itu tidak bisa pergi ke Surabaya dengan keréta api.
13. Ya, saya memerlukan uang.
    Tidak, saya tidak memerlukan uang.

Pelajaran 10

[I]

1. Dia sudah pergi ke sekolah.
2. Om saya sedang menulis surat.
3. Dia belum pernah pergi ke Hokkaido.
4. Orang kaya itu pergi ke Éropa lusa.
5. Kakak laki-laki saya masih muda.
6. Saya tidak pergi ke kantor kemarin.
7. Ayah saya sedang menonton télévisi di kamar.
8. Anak saya belum belajar bahasa Inggris.
9. Ibu saya sudah pernah tinggal di Jakarta.
10. Orang itu masih duduk di kursi itu.

[II]〔私の友人〕

私の友人のニトゥラはイギリスへ行ったことがありますが，彼女の妹はまだ，行ったことがありません。ニトゥラの妹はまだ小さいのですが，お料理することができます。

昨日，ニトゥラと彼女の妹はサリーナデパートへ行き，赤い服を買いました。

彼女たちは映画を見たかったのですが，映画館の前にたくさんの人がいました。ニトゥラと妹はガジャ・マダそば屋でバソそばを食べ，映画を見ないで家へ帰りました。

Pelajaran 11

[I]

dua, empat, enam, delapan, tiga, satu, lima, tujuh, sembilan, sepuluh, sebelas, lima belas, delapan belas, dua puluh satu, dua puluh sembilan, tiga puluh tujuh, empat puluh dua, lima puluh tiga, enam puluh lima, tujuh puluh tujuh, delapan puluh satu, sembilan puluh sembilan, seratus dua puluh satu, dua ratus tiga puluh empat, sembilan ratus delapan belas, enam ratus enam puluh satu, seribu sembilan ratus tiga puluh empat, dua ribu lima puluh delapan, tiga ribu seratus tujuh, empat ribu enam belas, dua belas ribu lima ratus sembilan puluh tujuh, delapan puluh delapan ribu enam ratus empat puluh tiga,

dua ratus empat puluh enam ribu,
tiga juta empat ratus lima puluh enam ribu, empat belas juta empat ratus empat puluh empat ribu empat ratus empat puluh empat,
delapan ratus tujuh puluh enam juta lima ratus empat puluh tiga ribu dua ratus sepuluh, lima miliar seratus dua belas juta tiga puluh empat ribu sembilan belas

[II]

5	+	8	=	Lima tambah delapan sama dengan tiga belas.
10	−	2	=	Sepuluh kurang dua sama dengan delapan.
4	×	6	=	Empat kali enam sama dengan dua puluh empat.
9	÷	3	=	Sembilan (di)bagi tiga sama dengan tiga.
13	+	107	=	Tiga belas tambah seratus tujuh sama dengan seratus dua puluh.
232	−	32	=	Dua ratus tiga puluh dua kurang tiga puluh dua sama dengan dua ratus.
100	×	8	=	Seratus kali delapan sama dengan delapan ratus.
516	÷	3	=	Lima ratus enam belas (di)bagi tiga sama dengan seratus tujuh puluh dua.

[III]

1. 私の父の年齢は 74 歳です。
2. 私の靴の値段は 12, 000 円です。
3. 2 人の子供と 1 匹の犬が公園で遊んでいます。
4. 私の左から 3 番目の人はコーヒーを飲んでいます。
5. このクラスの 5 分の 2 の人は本を読みます。
6. 115 ÷ 5 = 23 です。

[IV]

1. Saya membeli tiga hélai pakaian dan sepasang sepatu.
2. Di rumahnya ada dua buah (pesawat) télévisi.
3. Di taman itu ada dua puluh tiga batang pohon.
4. Orang yang keempat dari kanan sedang menulis surat.
5. Tujuh persepuluh (bagian) di bumi terdiri dari laut.
6. Berapa umur ibu Anda?
7. Berapa harga tas hitam ini?

Pelajaran 12

[I]

1. Hari ini tanggal..........
2. Kemarin hari..........
3. Bésok tanggal..........
4. Saya lahir tanggal...... bulan...... tahun ....
5. Saya pergi ke Indonésia..........
6. Saya membeli jam saya..........
7. Saya belajar bahasa Indonésia hari..........
8. Saya bermain golf tanggal..........

[II]

1. 私はメダンへ木曜日に出発します。
2. 私の先生は土曜日は教えません。
3. その子供は 2 日前に本を読みました。
4. その女の人は 3 週間後にバンドンへ行きます。
5. その貧しい人は服を 18 日に売りました。
6. この品物は先月 5 日に私の家に到着しました。

[III]

1. Saya membaca surat itu tanggal lima belas.
2. Dia pergi ke mesjid (pada) hari Jumat.
3. Teman saya datang ke rumah saya tiga hari yang lalu.
4. Saya akan bertemu dengannya dua minggu yang akan datang.
5. Adik laki-laki saya akan masuk univérsitas empat tahun yang akan datang.
6. Ibu saya akan menonton film minggu depan.
7. Keluarga saya adalah empat orang./Keluarga saya terdiri dari empat orang.
8. Familinya akan datang ke/di Tokyo bulan depan.
9. Saya menerima gaji bulan yang lalu.

Pelajaran 13

[I]

1. 今，何時ですか。
2. あなたは昨日，何時間働きましたか。

3. 今朝私は 7 時半に食事をしました。
4. 私の兄〔姉〕は夜 8 時にお風呂に入ります。
5. その赤ちゃんは病院で 4 時 4 分過ぎに生まれました。
6. 3 時にその弟〔妹〕はお菓子を食べ，牛乳を飲みます。
7. 私は 9 時 15 分前に起きます。
8. 彼は 8 時間寝ます。
9. 家から会社まで 1 時間半かかります。

[II]

1. Saya tidur jam setengah dua belas tadi malam.
2. Bapak Amir akan sampai di pelabuhan udara jam sepuluh pagi.
3. Saya melihat laki-laki itu jam lima léwat dua puluh tiga menit.
4. Orang tua saya pergi ke kantor jam tujuh kurang seperempat.
5. Laki-laki itu bekerja di pabrik dari jam sembilan kurang lima menit.
6. Mahasiswa belajar di univérsitas sampai jam empat léwat sepuluh menit.
7. Dia bekerja di kantor delapan jam sehari.
8. Dari sekolah ke stasiun (me)makan waktu setengah jam dengan mobil.
9. Saya berenang (selama) tiga setengah jam bésok.

[III]〔私のおじさん〕

私のおじさんは自動車で月曜日から土曜日まで会社へ行きます。毎日 6 時に起き家を 7 時半に出発します。

会社には 6 人の社員がいます。彼らは勤勉です。

今日はおじさんの 58 回目の誕生日です。彼らはおじさんに花とお菓子をあげました。

おじさんはもう 30 年間，その会社で働いています。月曜日から金曜日までは 8 時から 4 時まで働き，土曜日は 8 時から昼の 12 時まで働きます。

私のおじさんは家で本を読んだり，テレビを見たりするのが好きです。

Pelajaran 14

[I]

1. berapa 2. kenapa/mengapa 3. siapa 4. siapa 5. apa 6. mana
7. kapan 8. bagaimana 9. yang mana 10. kapan
11. kenapa/mengapa 12. apa 13. bagaimana 14. mana 15. berapa
16. yang mana

[II]

1. Umur saya .... tahun.
2. Nomor télépon saya..........
3. Saya membeli .... hari ini.
4. .... tidur di kamar besar.
5. .... bekerja di kantor.
6. Saya akan pergi ke .... bésok.
7. Ayah saya lahir tahun ....
8. .... orang ada di rumah saya.
9. Nama ibu saya ....
10. Saya berbicara dengan .... sekarang.
11. Keméja saya warna ....
12. Saya belajar bahasa Indonésia di sekolah.
13. saya akan pergi ke Indonésia ....
14. Karena saya suka minum bir./Karena panas.
15. Baik-baik saja./Baik terima kasih.
16. Saya suka daging./Saya suka ikan.

Pelajaran 15

[I]

ヤント：ハーイ，リニ，元気？
リ　ニ：おかげさまで元気です。ヤント，どこへ行くの？
ヤント：デパートへ行きたいんです。
リ　ニ：どうして？
ヤント：使っていたノートがいっぱいになってしまったから，新しいのを買いたいのです。きみは私についてこれる？
リ　ニ：ごめんなさい。私は家で私を待っている人がいるので，帰らなければなりません。
ヤント：それは，とても残念です。バイバイ。
リ　ニ：バイバイ。

[II]

1. Pohon tinggi itu ada di taman.
2. Yang mana Anda suka(i), roti atau nasi?

3. Kamar yang saya tidur kecil.
4. Perempuan yang ada di sini bisa berbicara bahasa Indonésia.
5. Pakaian itu sangat mahal.
6. Kamar ini terlalu terang.
7. Jepang ada di dalam Asia.

[III]

1. Hari Rabu yang lalu saya menerima surat dari teman saya.
2. Ada banyak orang di depan sekolah kemarin.
3. Satu jam sama dengan 60 menit.
4. Banyak orang menunggu taksi di depan stasiun.
5. Berapa nomor télépon laki-laki itu?
6. Gunung itu sangat rendah.
7. Harga buku itu mahal sekali.
8. Yang mana Anda suka(i), mangga atau durian?
9. Bésok saya membeli bunga yang kuning.
10. Pakaian abu-abu itu terlalu besar.

Pelajaran 16

[I]

1. その人の家にはまだ風呂場がありません。
2. お金がないので，私は自動車を買うことができません。
3. 私は短い髪の毛が好きです。
4. 彼はまだ若いので結婚していません。
5. その男の子は靴下をはいていません。
6. スヨコさんは長袖のシャツを着ます。
7. 私の妹〔弟〕は赤い服を着て学校へ行きます。
8. 彼の子供はメガネをかけたがらず，帽子もかぶりたがりません。
9. ヤンティ夫人にはまだ子供がいません。
10. その女の人はまだ結婚していません。
11. 私の友人はすでにカラーテレビを持っています。
12. 私はジャカルタに友人がいます。
13. 人間は２つの耳，２つの目，１つの鼻，そして１つの口を持っています。
14. 私の家の庭は小さいです。

15. インドネシアにはもうたくさんの高層ビルがあります。
16. このクラスの中の誰に恋人がいますか。
17. 全員お金を持っていません。
18. 全ての人がビデオを持っているわけではありません。
19. 私はまだコンピュータを持っていません。
20. 切符を持っていない人は，入場することができません。

[II]〔私の家族〕

私には父，母そして 2 人の弟がいます。私の父の名前はムハマッドで年齢は 50 歳です。父は商社で 25 年間働いています。毎朝 6 時に起きて自動車で 7 時半に会社へ行きます。

私の母の名前はナナで年齢は 45 歳です。母は毎朝 5 時半に起きて，ごはんを炊きます。彼女はお料理を作るのが好きです。

私の弟は 2 人います。1 人はユスフという名で，もう 1 人はユディという名前です。ユスフは高校生で，たくさん友人がいます。ユディは中学生で，家で本を読むのが好きです。

私の名前はスンドゥルで年齢は 22 歳です。私はインドネシア大学文学部で勉強しています。私は教師になりたいのです。

私たちの家はチカトーマス通りにあります。その家は大きくありませんが，清潔です。私の家の前と裏には大きな庭があります。庭にはバナナとマンゴーの木があります。私たちの家の左には警察署があり，右には小学校があります。毎朝たくさんの小学生が私たちの家の前を通ります。

Pelajaran 17

[I]

1. Sesudah makan roti, adik laki-laki saya pergi ke univérsitas.
2. Setelah menélépon, Anda harus belajar.
3. Sebelum pergi ke kantor, saya makan nasi.
4. Sebelum berangkat ke Indonésia, kakak perempuan saya menukar uang.
5. Kalau sakit perut, harus minum obat.
6. Kalau bertemu dengan Bapak Ali, saya memberi buku ini.
7. Waktu saya ada di kantor, dia menélépon.
8. Waktu dia belajar di univérsitas, saya bekerja di kantor.

9. Meskipun tidak muda, ayah saya suka bermain ténis.
10. Meskipun tidak ada istrinya, dia pulang ke rumah.
11. Sambil menonton télévisi, saya menyeterika.
12. Sambil bekerja di kantor, saya belajar bahasa Indonésia.
13. Dia bekerja di kantor ini selama 15 tahun.
14. Selama saya mandi, istri saya memasak.

[II]〔私のお手伝い〕

私のお手伝いの名前はアトゥンです。アトゥンには 2 人の妹〔弟〕がいます。私の家で働く前に彼女はオランダ人の家で働いていました。彼女がまだオランダ人の家で働いている時，彼女の両親は亡くなりました。

この 3 日間，アトゥンは頭痛がしています。それでも，彼女はラジオを聞きながらアイロンをかけています。もし私が彼女に手助けを求めると，いつでも手伝ってくれます。

休暇には彼女は友人を訪問し，夕方 6 時に私の家へ戻ってきます。

Pelajaran 18

[I]

1. Saya pergi ke bank untuk menukar uang.
2. Perempuan itu memasak untuk suaminya.
3. Persoalan ini sukar bagi murid.
4. Indonésia sangat penting bagi Jepang.
5. Saya percaya bahwa dia orang baik.
6. Kepala kantor berkata kepada saya bahwa beliau tidak datang ke sini bésok.
7. Anak itu minta uang kepada ibunya.
8. Saya minum kopi supaya tidak tidur.
9. Saya tidak makan kué itu agar menjadi kurus.
10. Anda boléh minum bir asal tidak menjadi gemuk.
11. Orang itu hampir minum racun.
12. Air mata anak perempuan itu seperti mutiara.

[II]〔私の家族は買物をするためにシンガポールへ行きました〕

私の家族は４人です。すなわち父，母，姉そして私です。

８月上旬，私たちは買物をするためにシンガポールへ行きました。

シンガポールは，東京のようににぎやかな都市です。私たちがもう少しで伊勢丹デパートに着こうとする時，姉は買物が元気でできるよう，先にごはんを食べたいと言いました。私たちは賛成し，レストランでいっしょに食事をしました。その後，私たちは買物をするためにお店へ入りました。

Pelajaran 19

[I]

1. Lebih baik pergi bésok.
2. Karena sakit, lebih baik Anda tidur di rumah.
3. Biasanya ayah saya bekerja di kantor sampai jam 5.
4. Mungkin ibu saya pergi ke mal hari ini.
5. Mungkin orang itu bukan guru.
6. Dia tidak mungkin pergi ke situ.
7. Supir tidak datang hari ini. Oléh karena itu saya pergi ke kantor dengan taksi.
8. Ibu saya tidur karena sakit, jadi saya harus memasak.
9. Orang kaya itu kelihatannya sakit.
10. Pakaian itu kelihatannya bagus.

[II]〔警察署にて〕

サリニ：あーあ，私のお金がなくなってしまった。

アミン：警察署へ行ったほうがいいよ。

—警察署にて—

警察官：どうしました。

サリニ：私のお金が銀行でなくなってしまったんです。ふつうは，私はお金をこのお財布にしまっておくのですが，今，中身がないんです。

警察官：たぶん，お嬢さんが財布からお金を出した時に落ちてしまったんでしょう。

サリニ：ありえません。だって今日，私はまだお金を出していないんですもの。ですから，私は警察官に助けてもらいにここへ来たんです。

警察官：お嬢さんのお金は，お嬢さんの服のポケットにあるようですよ。

サリニ：あら，ほんとうだわ。けさポケットの中にお金を入れたのを忘れていたわ。

Pelajaran 20

[I]

1. Anak Anda makin lama, makin tinggi.
2. Udara makin lama makin dingin.
3. Pakaian ini mahal, apalagi pakaian itu.
4. Supir tidak bisa berbicara bahasa Inggris, apalagi bahasa Indonésia.
5. (Ke)dua-duanya bolėh pulang sekarang.
6. Kursi itu (ke)tiga-tiganya kecil.
7. Apakah daging itu enak? Lumayan.
8. Sepéda motor ini lumayan mahal, tetapi sepéda itu sangat murah.
9. Dia mémang sudah menikah.
10. Apakah Anda bisa berbicara bahasa Indonesia? Mémang.
11. Anda harus menulis surat secepat mungkin.
12. Pria itu minum obat sebanyak mungkin.

[II]〔郵便局にて〕

デウィ夫人：私はこの手紙をできるだけ早く送りたいのですが。
郵 便 局 員 ：もしそうならば，速達で送ったほうがいいです。
デウィ夫人：はい，両方とも速達で送りたいです。
郵 便 局 員 ：送料は 80,000 ルピアです。
デウィ夫人：とっても高いですね。
郵 便 局 員 ：当然です。手紙が重くなればなるほど，送料は高くなります，ましてや外国向け手紙は。

Pelajaran 21

[I]

1. 数人の労働者は朝まで働きます。
2. その家具は，私の家へ明日到着します。
3. 全生徒は，地方から来るお客さんを待つために，もう学校の前に立っています。
4. 頭のよい生徒たちは進級します。
5. 彼はときどき恋人から長い手紙を受け取ります。
6. それらの会社には若い社員がいません。

7. 私たちは映画を見るために切符を買います。
8. もし，ここからバスに乗りたいのなら，10 分前に来たほうがいいですよ。
9. エマはもう 3 回もシンガポールに遊びに行っています。
10. 私の社員の 3 分の 2 は男性から成っています。
11. 私の講義は 2 時間目から始まります。
12. それらの本は図書館にあります。
13. 多くの大臣がニューヨークへ出発します。
14. 出席者たちは高価な服を着ています。
15. 次回私は長い手紙を書きます。
16. その新聞記者は 1 か月に 2 回外国へ行きます。

[II]

ヤント：おはよう，リナさん。
リ　ナ：おはよう，ヤントさん。どこへ行くの？
ヤント：スーパーマーケットへ食べ物を買いに行くんです。あ，そうだ，リナさんは田中さんを知ってますよね。
リ　ナ：はい，私は田中夫妻を知っています。でもなぜ？
ヤント：今晩，私は彼らを私の家へ招待したんです。なぜなら彼らは，もう少ししたら日本へ帰ってしまうからです。リナさんは夜 7 時に来られますか。
リ　ナ：ありがとう。彼らにお礼を言いに必ずうかがいます。だって，彼らはいつも私によくしてくれたんですもの。彼らは何年ジャカルタに住んでいましたか。
ヤント：5 年です。田中さんはタムリン通りの合併企業で働いており，一方奥さんは私に 3 年間，日本語を教えてくれていました。
リ　ナ：あー，そうですか。今，私は友人を見舞いに病院へ行かなければなりません。また今夜ね。ヤントさんのお母さんによろしく。
ヤント：ありがとう。バイバイ。

Pelajaran 22

[I]

1. 明日おまえは早く寝なければなりません。
2. その老人はゆっくりと歩きます。
3. 彼のお母さんははっきりと話します。
4. 私のお手伝いは部屋を真面目に掃除します。

5. その先生は化学を体系的に教えます。
6. さっき，私は風呂場で顔を洗いました。
7. 私の父は昼ごはんを食べに 12 時に家へ戻ってきます。
8. その貧しい人は，お金がないので，2 日間食べていません。
9. アニはジャカルタから恋人へ手紙を書きます。
10. 先週の土曜日，私の夫は台所で料理の手伝いをしてくれました。

[II]〔1 人で動物園へ行って〕

私はクラスメイトといっしょに動物園へ行ったことがあります。その時はとても楽しかったです。ですから私はもう一度行きたいのですが，父と母はいつも忙しいのです。兄〔姉〕も同様です。ですから私は 1 人で行くことに決めました。

日曜日，朝早く，私はクラスメイトの家へ勉強しに行くとうそをついて，動物園へ行きました。市内バスの中に座り，料金を車掌さんに払い，なんと心がうきうきしたことでしょう。大人になったような気分でした。

動物園で私は何と楽しかったことでしょう。おもしろかったのはタバコを吸うのが上手なオランウータンでした。長い間私はそれを見ていて，バナナをやりました。

私は父と母が，私が 1 人で動物園へ行く勇気がある，と聞いて喜ぶと思いました。私は彼らが私を探し，私の友人たちに聞き回っているとは知りませんでした。

私が家へ帰り，その日の小旅行の話をした時，彼らは怒りました。誰も私の話を聞こうとしませんでした。

Pelajaran 23

[I]

1. Sebelum perang, kota Hiroshima lebih indah dari(pada) sekarang.
2. Di réstoran ini téh seénak kopi.
3. Désa ini kurang terang dari(pada) kota.
4. Kyoto sedingin Osaka.
5. Kursi kayu tidak sekuat kursi besi.
6. Paling cepat dia akan sampai di sini jam 10 malam.
7. Shinkansén jauh lebih cepat dari(pada) keréta api biasa.
8. Hokkaido adalah daérah yang paling dingin di Jepang.

9. Makanan yang paling énak bagi saya adalah saté ayam.
10. Bangunan kantor saya tidak setua kantor Anda.
11. Pohon sekolah kurang tinggi dari(pada) pohon rumah saya.
12. Kué yang Anda makan kemarin dulu lebih manis dari(pada) kué luar negeri.
13. Toilét taman sebersih toilét rumah itu.
14. Apakah sungai yang paling panjang di dunia adalah sungai Nil?

[II]

すでに数か月メダンに住んでいて，少しインドネシア語を話すことができるテッド・スミスは，ある日，1軒のレストランへ入りました。

「一皿の稲を下さい。私は食事がしたいのです」と言いました。それを聞いていた全ての客が笑いました。「ここに稲はありません」とウェイターが答えました。

「あなたは水田へ行かなければなりません。あそこにはたくさん稲があります」

テッドはまちがったことに気がつきました。「あー，そうです，私はお米が欲しいんです」ともう一度言いました。全員が再び笑いました。「私たちは米を売っていません。あなたはお店へ行かなければなりません。食事をしたいのですよね。ここに一皿のごはんがあります」

今，テッドは英語の "rice" には3つの意味があることを知りました。彼は稲は水田で育ち，米は店にあると思い出しました。もうお腹がすいています。ごはんを必要としています。もしできたら熱いのを。

Pelajaran 24

[I]

1. turun　2. naik　3. jatuh　4. kembali, singgah　5. tinggal
6. mandi, makan　7. pindah　8. lari　9. sampai　10. hidup
11. berangkat　12. berbicara　13. berdiri　14. bekerja　15. bertemu
16. berhenti　17. belajar　18. bermain

[II]

地球の面積は135,773,000平方キロメートルで人口は80億です。一世紀には世界の人口はたった2億5000万でした。この20世紀の間に80億になってしまいました。初めその成長率はゆっくりしたものでした。16世紀までの世界の人口はたった5億でした。18世紀の初めからその増加率は急速に伸びました。1900 年から 1950 年までの 50 年間で，世界の人口は 10 億増えました。21 世紀中期には 91 億になると推定されています。

-インドネシアは最も人口の多い 4 つの国の中に入っています。その順番は中国，インド，アメリカ合衆国そしてインドネシアです。

ジャワ島，マドゥラ島，バリ島そしてロンボック島の人口は大変過密ですが, 一方スマトラ, カリマンタン, パプアのような他の島々はまだ過疎地です。それゆえ人口問題は，インドネシアにとり非常に重要な問題となっています。インドネシア人は，移住が大変有益であることに気がつかねばなりません。政府は人口過密地から過疎地へ人口を移動させることに努力をはらっています。

Pelajaran 25

[I]

1. lémpar　2. suruh　3. rokok　4. aduk5. karang
6. tolong　7. ikut　8. masak　9. pukul　10. undang
11. hilang　12. nanti　13. gambar　14. baca　15. cari
16. ulang　17. nyala　18. jahit　19. tunggu　20. daki

[II]

1. mencuci　どこであなたはこの写真を現像しますか。
2. mencoba, memasak membantu　母は料理を作ってみましたが，誰も母を手伝いません。
3. memasang, menggosok　私の妻は歯をみがきたかったので，風呂場で電気をつけました。
4. membeli, menawar　市場で果物を買うのなら，値切らなければいけません。
5. membuka, melihat, menunggu　窓を開けた時，彼はバス停の前でバスを待っている人を見ました。
6. mengambil　彼らは公園で写真をとります。
7. mengirim　3 週間前，私はインドネシアにいる私の友人に品物を送りました。
8. menangis　その子供はすぐに泣きます。／その子供は泣き虫です。
9. menjual　その商人はバティックを売るのが上手です。
10. menutup　私は母の部屋へ入ったあとでドアを閉めます。
11. merasa, menerima　あなたから手紙をいただいてうれしく思います。

12. memesan　私は明日のために，その高いレストランに席を予約しました。
13. memanggil　運転手が今日来なかったので，お手伝いはタクシーを呼びました。
14. membawa, membayar　今日，彼は支払うためのお金を持って来ませんでした。
15. menélépon　私は恋人に電話をかけたいのです。

Pelajaran 26

[I]

1. Mari (kita) pulang (bersama-sama).
2. Jangan lupa pergi ke rumah sakit!
3. Jangan percaya (pada) laki-laki itu!
4. Mari (kita) makan malam.
5. Kalau ada waktu, silakan datang ke rumah saya.
6. Jangan duduk di atas rumput!
7. Makanlah dengan cepat!
8. Coba menélépon kepada Bapak Ali.
9. Tolong tulis surat kepadanya.
10. Pergi sekarang!
11. Tolong bawa surat ini ke kantor pos.
12. Coba menyanyi.
13. Silakan makan.
14. Datanglah ke sini jam setengah sepuluh pagi!
15. Jangan buka pakaian di situ!

[II]

夏休みのある日，私は学校の友だちのヤティに会いました。「ハーイ，ヤティ，元気？」と私は聞きました。「ミナ，私は元気よ」とヤティは答えました。「私はプトゥリ島に行きたいの。とても景色がきれいなんだって」と私は続けました。「さあ，いっしょにそこへ行きましょう」とヤティを誘いました。ついに私たち 2 人はプトゥリ島へ出発しました。

プトゥリ島はジャワ海に位置し，北へ約 60 キロメートルのところにあり，ジャカルタから船で 3 時間かかります。サンゴに囲まれています。水はすき通り，きれいです。そこにはいろいろな色の熱帯魚がたくさんいます。

私とヤティは一日中泳ぎヤシの木の下で昼寝をしました。

夜にはたくさんの星が空に輝きます。私たちはその島で自然をおおいに満喫しました。

Pelajaran 27

[I]

1. diminum　その薬はまだ弟〔妹〕に飲まれていません。
2. menunggu/ditunggu　私は，その社員をバス停で待ちます。／私はその社員にバス停で待たれています。
3. membawa　デウィさんは食べ物を持って会社へ行きます。
4. menggunting　私の子供は部屋の中で紙を切っています。
5. dicuri　私の財布は昨日人に盗まれました。
6. diundang　彼は招待されていないので，アリさんの家へ行きません。
7. dicari　この本は長い間，先生に探されていました。
8. dimakan　この甘いお菓子は日本で食べられています。
9. menangkap　警察官は汽車の中ですりをつかまえました。
10. memasang　8 月 17 日にインドネシア人は各家で旗を上げます。
11. memberikan　社長は私たちに給料をくれます。
12. digunting　私の髪の毛は一か月に一度切られます。

[II]

1. Musik itu didengarkan (oléh) keluarga saya.
2. Kain batik itu akan dijual (oléh) tukang batik.
3. Saya akan ditunggu (oléh) ayah saya di toko itu.
4. Pakaian sudah saya cuci.
5. Lampu listrik tidak kita pasang.
6. Pakaian saya dipakai (oléh) siapa?
7. Uang itu harus Anda hitung sebelumnya.
8. Surat baru ditulis (oléh) orang itu.
9. Uang sekolah kubayar tiap bulan.
10. Gigi digosok (oléh) teman saya tiap malam.

[III]

1. 先生は私によって，けさ，電話をかけられました。
2. その魚は昨日あなたに調理されました。

3. 食事のあとで，皿とおわんはおまえによって台所へ運ばれなければなりません。
4. 4 月分の給料は私の上司から，私によって受けとられました。
5. 飲み物はその店で私たちによって買われることができます。
6. その棚のかぎはあなたによってどこにしまわれましたか。
7. さっき私が作った焼きめしは，私の夫によって食べられました。
8. 昨年，校舎は私の家の前に建てられました。
9. あなたの手紙は先日 1 月 19 日に受け取られました。
10. 新聞によると，すでに 10 人の日本人が，その町で殺されました。
11. その運転手はスダルトさんに呼ばれました。
12. 私の父は医者に喫煙を禁止されています。
13. 昨日は祭日だったので，全ての会社は閉められていました。
14. 寝る前に，おまえの顔はお母さんによって洗われなければなりません。

Pelajaran 28

[I]

1. Cerita rakyat yang harus saya baca itu sangat panjang.
   私が読まなければならない民話は非常に長いです。
2. Film yang suka ditonton oleh laki-laki itu tidak baik bagi anak.
   その男の人がよく観る映画は子供にとって良くないです。
3. Rendang yang sedang Anda masak itu pasti enak.
   あなたが今料理しているルンダンは絶対においしいです。
4. Daging sapi yang baru dipotong oleh adik saya itu sangat keras.
   私の妹が切ったばかりの牛肉は非常にかたいです。
5. Payung yang tidak dipakai oleh wanita itu mahal sekali.
   その女性が使わなかった傘は非常に高いです。
6. Pakaian yang belum saya cuci itu terlalu besar bagi saya.
   私がまだ洗っていない服は私にとって大きすぎます。
7. Orang yang suka mempelajari bahasa Indonesia itu (adalah) mahasiswa.
   そのインドネシア語を学ぶのが好きな人は、大学生です。

[II]

1. Pria yang sedang menulis surat di situ adalah kakak laki-laki saya.
2. Orang yang memasak mie goreng di dapur kemarin bukan tante Anda.
3. Anda yang bisa naik kelas tahun lalu paling pintar di dalam kelas Anda.
4. Orang yang (sudah) pernah saya kunjungi di Jakarta tinggal di Tokyo sekarang.
5. Musik yang belum Anda dengarkan disenangi oleh orang Jepang.
6. Kalung yang harus Anda beli adalah buatan Indonesia.
7. Masakan yang dipesan oleh orang itu tadi pagi akan disampaikan ke kantornya.
8. Barang yang sedang dicari oleh Bapak Ali dijual di toko itu.

Pelajaran 29

[I]

1. 会社は，いつ私がインドネシアへ出発しなければならないか，まだ知らせません。
2. 社長は私を会計部へ配属しました。
3. 風呂場は私によってまだ掃除されていません。
4. 自動車用，オートバイ用の多くの部品がインドネシアへ導入されました。
5. アメリカはカナダを 5 対 1 で負かしました。
6. 社員たちはそのことを社長に話しました。
7. そのお金は私に返されました。
8. その金持ちは大きな企業を設立しました。
9. スジョノさんは昨年の中頃亡くなりました。
10. 私は電車の中に新聞を置いてきました。
11. 私は青山に家を借りたいのです。

[II]

1. memanaskan お手伝いは台所で肉を温めます。
2. diberikan その人形は母親によって女の子に与えられました。
3. dimakan 私はそのお菓子が食べられたかどうか知りません。
4. masukkan このお金を棚の中へ入れて下さい。

5. meninggalkan その外国人はスーツケースを私の家に置いていきました。
6. dibersihkan 応接室は毎日掃除されなければなりません。
7. diadakan 送別会は来月初旬に行なわれます。
8. dikembalikan その本は大学生によってまだ返されていません。
9. membelikan 彼は彼の恋人に指輪を買います。
10. bicarakan そのことは昨日私たちによって話されています。

[III]〔工業／産業〕

産業革命はジェームズ・ワットが 1766 年に蒸気の力で動く機械の発明に成功したのち起こりました。それ以前は人間自身の力，家畜の力，水力，風力が使われていました。科学と技術の発展により，私たちは電力や原子力を役に立たせることができるようになりました。

インドネシアでは工業が発展中です。工業は原材料を必要とします。インドネシアで産出されるものは原油，LNG，ゴム，ヤシ，タバコ，木材そして他の鉱物です。

石油工業，洗剤工業，タバコ産業はすでに昔からあります。しかし国内の工業生産はまだ十分ではありません。インドネシア製の品物は外国製品と激しく競合しています。それゆえインドネシアの企業家たちは政府に保護を要請しています。政府もこのことを理解しています。そして国内工業生産品を買うように社会に働きかけ始めています。

Pelajaran 30

[I]

1. kan　2. kan　3. i　4. kan　5. i　6. kan
7. i　8. kan　9. i　10. i　11. kan　12. kan

[II]

1. Menteri Luar Negeri akan mengunjungi Indonésia dan Malaysia.
2. Kontrak itu akan ditandatangani musim bunga tahun depan.
3. Kita meléwati jalan itu untuk pergi ke rumahnya.
4. Ayah saya memasuki kamar saya.
5. Kepala kantor menghadiri pésta itu.
6. Saya takut menyeberangi jembatan itu.
7. Bulan menerangi mukanya.
8. Anak perempuan itu mendekati anjing putih.

Pelajaran 31

[I]

1. その社員はその品物の品質を高める努力をしています。
2. 私は知識を深めるため，大学で勉強します。
3. その機械がこわれたので，修理されます。
4. 政府はその大通りを拡張します。
5. 多くの日本人は天皇誕生日を記念して旗を上げます。
6. 私のテレビは修理されなければなりません。
7. 私は妻をアリさんに紹介します。
8. 両親は子供の行動に注意を払わなければなりません。
9. 彼の友人はその手紙を私に見せました。
10. 私の秘書はこの新しいコンピュータを使います。
11. その美しい女性はバリダンスを上演します。
12. この外国人は私の会社との契約を延長します。
13. この薬はガンの死亡率を低くします。

[II]

1. memperdalam　2. memperkenalkan　3. memperbaiki
4. memperbanyak　5. memperbesar

[III]〔市場〕

市場は日用品を売ったり買ったりする場所です。経済活動の中心としての市場は町と村にあります。町では，普通は，毎日市場が開いていますが，村では特定の日しか開いていません。そして村の市場はほとんどが開け放しの場所にあります。町にある市場は夜まで開いていますが，ときどき昼に閉めてしまう店があります。

市場で私たちはいろいろな野菜や多種の果物，肉，魚，菓子，その他の食品，日用品，バテック，服，時計，携帯電話等を買うことができます。そして食べ物や飲み物を売る屋台が市場にたくさんあります。だから私たちは，そこで食べたり，飲んだりすることもできます。

Pelajaran 32

1. 私はプンチャックで寒くないようにコートを持って行きます。
2. 彼は途中で雨にふられ濡れてしまいました。

3. 彼は友人とボゴールで夜を過ごしました。
4. 私のお手伝いは台所で音を聞き，こわがってしまいました。
5. その病院はバスの窓から見えます。
6. その貧しい人は，この 3 日間何も食べていないので飢えています。
7. 置き忘れられた品物は警察署へ持って行かれました。
8. バリ島はジャワ島の東側に位置しています。
9. 私がふと目覚めた時．その窓は開け放たれていました。
10. 上記の悪人たちは全て逮捕されました。
11. そのありの合計は数えられません。
12. 生まれたばかりの赤ちゃんは(思いがけず)ベッドから落ちてしまいました。
13. 私はしかたなく，にがい薬を飲みました。
14. お母さんは，子供が突然泣き出したので驚きました。
15. お金が足りないので，彼は上司にお金を要求しました。

Pelajaran 33

1. Tingginya gunung itu kira-kira 3.000 meter.
2. Alangkah/Bukan main cantiknya wanita ini!
3. Atasan saya menulis buku harian setiap malam.
4. Teman sekelasnya makan kue ini sepuas hati.
5. Setahu saya, bintang film itu sudah menikah 10 tahun yang lalu.
6. Dia mengikuti ujian masuk universitas sepulang dari Indonesia.
7. Sebaiknya Anda berangkat ke Jakarta secepat mungkin.
8. Kita/kami harus tolong-menolong dalam proyek ini.
9. Saya bisa makan apa saja.
10. Anda pergi ke mana saja di Hokkaido?

Pelajaran 34

[I]

1. penduduk　2. pembaca　3. bantuan　4. minuman
5. pekerjaan　6. pendidikan　7. penakut

[II]

1. perjalanan　2. perjanjian　3. keindahan　4. Keadaan
5. pertanian　6. pertemuan　7. kebersihan, keséhatan
8. Kemerdékaan

[III]〔おばけ屋敷〕

ユディはもう長い間その家におばけがいると聞いていましたが，雨が激しく降っていたので，そこで雨やどりをしました。

その家はもう5年の間，空です。その家の所有者が死亡して以来，そこに住みたいという人がいません。その家は暗く，湿っぽく，そして家庭用品は壊れていました。

ユディは，いやおうなく前のドアによりかかりました。彼の心はますます恐ろしくなってきました。風が激しく吹いたので，彼は家の中へ入りました。その部屋は暗く，寒々としていて，土の臭いがしました。突然，天井から声がしました。

隣の部屋からも声が聞こえました。ユディは彼の後ろに何かいると感じました。彼は本当はその音が何であるか考えました。だんだん頭の中に浮かんで来る想像が恐ろしくなってきました。ついに彼は心の中で叫びました。
”おばけ！”

恐ろしさのあまりユディは，そのおばけ屋敷から自分の家の方へ，何も考えずに走りだしました。その古い家の天井裏では2匹のネズミが木の切れっぱしをかんでいるところでした。

Pelajaran 37

断食明け祭日

断食明け祭日は，インドネシアと世界のイスラム教徒にとり最大の祭日なので，大変にぎやかです。彼らの服は新しく，すてきです。インドネシアのイスラム教徒は明るく，晴やかです。

その前夜，たえまなく太鼓が鳴らされます。モスクでは人々がアラーを賞賛する声が聞こえます。

全ての家族は朝早く起きます。子供たちは新しい服が着られるので大喜びです。母親たちは料理して，多くの料理やお菓子をテーブルの上に並べるのに忙しくしています。

彼らはアラーに祈るためにモスクへ行きます。そのあとで両親または自分の親せきを訪問し，互いに（この一年間の）許しをこいます。お参りし，墓を掃除してから，花びらを撒くためにお墓へ行く家族もあります。

ボロブドゥール寺院

ボロブドゥール寺院は中部ジャワのマゲラン地方にあります。この寺院は世界中で知られています。

ボロブドゥールは大変古い建物です。その年齢は約1,000年です。何世紀も，その寺院は雨や太陽にさらされていました。

その建物全て，石から作られています。鉄はその寺院建設のために使われていません。その建物は階段状になっています。下層は四角い形をしています。上層は丸い形をしています。頂上には巨大なストゥーパが1つあります。

遠くから見ると，ボロブドゥール寺院はまるで山のように見えます。下が大きく，上にいくにしたがって小さくなります。その寺院は大変大きく，高いのです。土台はサッカー場より広いです。

もし私たちがボロブドゥール寺院に入ると，壁の彫刻や仏像を見ることでしょう。その絵はゴータマ・シッダールタの生涯を物語っています。

バティック

バティックはインドネシアの国民文化の産物の1つとして知られています。バティックは「手書きバティック」,「型押しバティック」そして「プリントバティック」から成っています。この3種類の中で最も高く評価されているのは「手書きバティック」と「型押しバティック」です。

インドネシア国民は長い間，バティックを上手に書いていました，すなわち12世紀からです。当初は，王宮の女性だけがバティック書きの勉強をしました。そして「型押しバティック」は1850年に作られ始めました。

バティック芸術はインドネシア文化独特の伝統，古典芸術です。バティックは女性だけに着られるのではなく，男性にも着用されます。バティックの服は正装となります。インドネシアのバティック，特に「手書きバティック」は外国で大変有名で，好まれています。インドネシアを訪問したほとんど全ての外国人は，服，テーブルクロス，財布などに形を変えたバティックを買います。

国民の英雄

インドネシアはオランダに約 400 年，日本に 3 年半占領されていました。

パティムラ，ディポヌゴロ王子，トゥーク・ウマールのような英雄はオランダ政府への反対者でした。

1945 年 8 月に日本は連合軍に降伏しました。

インドネシアの指導者たちは，1945 年 8 月 17 日午前 10 時，ジャカルタのプガンサアン 56 番地で，インドネシア独立の宣言をしました。独立宣言草稿にスカルノ工学士とモハマッド・ハッタ学士が調印しました。

その後，オランダはインドネシアでなおも勢力を持とうとしました。インドネシアの青年たちは，インドネシアを占領するためにやって来た敵に対抗しました。主役はストモでした。その闘争はインドネシアを護りました。

上記運動の結果，毎年 11 月 10 日がインドネシアの英雄の日として祝われています。

収録主要単語

【A】

abad「世紀」
abu-abu「灰色の」
ada「いる，ある」
adik「弟，妹」
agar~「～するように」
Agustus「八月」
air「水」
air jeruk「オレンジジュース」
air mata「涙」
akan「～でしょう（未来形）」
akhirnya「ついに，最終的に」
akibat「結果」
akrab「親密な」
aku「僕，あたし」
akuntan「会計」
alam「自然」
alangkah「あー，なんと（感嘆詞）」
alat「道具」
alis「眉毛」
alpukat「アボカド」
Amérika「アメリカ」
Amérika Selatan「南アメリカ」
Amérika Serikat「アメリカ合衆国」
anak laki-laki「男の子」
anak perempuan「女の子」
Anda「あなた」
Anda sekalian「あなた方」
anéka「いろいろな」
anggota「会員」
anggrék「らん」
anggur「ぶどう，ワイン」
angin「風」
anjing「犬」
antara「間」
apa「何」
Apa kabar?「お元気ですか」
apakah「～ですか（疑問詞）」
apalagi~「ましてや～」
apel「りんご」
April「四月」
Arab Saudi「サウジアラビア」
arah「方向」
arbéi「いちご」
arti「意味」
arus「流れ」
asal~「～さえすれば」
asam「酢っぱい」
Asia「アジア」
asin「塩辛い」
asinan「漬けもの」
asing「外国の，見知らぬ」
atap「屋根」
atas「上」
atasan「上司」
atau「もしくは」
atom「原子」
avokad「アボカド」
awan「雲」
ayah「父」
ayam「鶏」

【B】

babi「豚」
bagaimana「どのように，いかに」
bagian「部分，部品，部」
bagi~「～にとって」
bagus「よい」
bahan「材料」

bahasa「言語」
bahasa Indonésia「インドネシア語」
bahu「肩」
bahwa~「〜ということを」
baik「よい」
baik「かしこまりました」
Baik, terima kasih.
「はい，おかげさまで元気です」
baju「服」
baju dalam「下着」
baju setélan「スーツ」
baju tebal「コート」
bandara「空港」
bangku「ベンチ」
bangsa「民族」
bangun「起きる」
bangunan「建物」
bank「銀行」
bantuan「手助け」
banyak「多い」
bapak「お父さん」
Bapak
「あなた（年上か位の高い男性に対し）」
barang「品物」
barat「西」
baru「新しい」
baru~「〜したばかり」
basah「ぬれる」
batang「〜本」
batik「バティック，ジャワ更紗」
batu「石」
bau「臭う，臭い」
bawah「下」
bawahan「部下」
bawang bombai「たまねぎ」
bawang putih「にんにく」
bayangan「想像」
bayi「赤ちゃん」
bébék「あひる」
beberapa「いくつかの」
bécak「ベチャ」
begitu「そのように」
bekerja「働く」
belajar「勉強する」
belakang「後」
Belanda「オランダ」
beliau「あの方（偉い人に対し）」
belum「まだ〜でない」
benar「正しい，本当の」
bendéra「旗」
bening「純粋な，すき通った」
bénsin「ガソリン」
berangkat「出発する」
berani「勇気のある」
berapa harga「いくら」
berapa nomor「何番」
berapa orang「何人」
berapa umur「何才」
beras「米」
berat「重い」
berbelanja (belanja)「買物する」
berbentuk (bentuk)「〜の形をしている」
berbicara「話す」
berbohong「うそをつく」
berdiri「立つ」
berenang「泳ぐ」
bergaul dengan~「〜と交際する」
bergerak「動く」
berhasil (hasil)「成功する，収穫がある」
berhenti (henti)「止まる」
berjalan (jalan)「歩く」
berjalan-jalan「散歩する」
berkata (kata)「言う」
berkembang (kembang)「発展する」

berkuasa (kuasa)「勢力を持つ」
berkumpul (kumpal)「集まる」
bermaaf-maafan「互いにあやまる」
bermain (main)「遊ぶ,弾く(ピアノなどを)」
bersama「一緒に」
bersama-sama「一緒に」
bersandar di~「~によりかかる」
bersih「消潔な」
bertambah (tambah)「ふえる，増す」
bertanya (tanya)「質問する」
berteduh (teduh)「雨宿りする」
bertemu dengan~「~と会う」
berteriak (teriak)「叫ぶ」
bertiup (tiup)「(風が) 吹く」
bertumbuh (tumbuh)「育つ，成長する」
berubah (ubah)「変化する」
berupa (rupa)「~の形をしている」
berusaha (usaha)「努力する」
besar「大きい」
besi「鉄」
bésok「明日」
betul「正しい，本当の」
biarpun「たとえ~でも」
biasa「普通の」
biasanya~「普通は~」
bibi「おばさん」
bibir「唇」
biji「~粒，種」
bintang「星」
bintang film「映画俳優」
bioskop「映画館」
bir「ビール」
biru「青い」
bisa「~できる」
bis, bus「バス」
blus「ブラウス」
bodoh「ばかな，頭の悪い」
boléh「~してもよい」
bolos「さぼる」
bolpoin「ボールペン」
bonéka「人形」
botol「ビン」
brosur「ちらし」
buah「果物，実」
buah「~個」
buah-buahan「色々な果物」
buatan~「~製」
bubur「おかゆ」
bukan「名詞を否定する否定詞」
bukan main「あー，なんと (感嘆詞)」
bukit「丘」
bukti「証明，証拠」
buku「本」
buku harian「日記帳」
buku pelajaran「教科書」
buku tulis「ノート」
bulan「月」
bulu mata「まつげ」
bumi「地球」
bundar「丸い」
bunga「花」
bunga mawar「バラ」
bunga melati「ジャスミンの花」
bunyi「音」
buruk「悪い」
burung「小鳥」
butir「~粒」

【C】

cabang「支店，枝」
cabé「唐辛子」
cair「液体」
candi「(仏教) 寺院」
cangkir「コーヒーカップ,ティーカップ」
cantik「美しい (女性が)」
cap「スタンプ」

cara「方法」
cat「ペンキ」
celana「ズボン」
celana dalam「パンツ」
cemara「松」
cepat「早い，速い」
cerita「話」
cerita rakyat「民話」
cétak「印刷」
Cina「中国」
cicak「やもり」
cincin「指輪」
coba~「～してみて」
coba「試みる」
cokelat「茶色い」
cokelat「チョコレート」
cucu「孫」
cuka「酢」
cukup「十分な」
cumi-cumi「いか」

【D】

daérah「地方」
dah「バイバイ」
dagang「商売」
daging「肉」
daging ayam「鶏肉」
daging babi「豚肉」
daging kambing「山羊肉」
daging sapi「牛肉」
dalam「中」
dan「そして」
danau「湖」」
dangdut「ダンドゥット（インドネシアの音楽ジャンルの一つ）」
dapat「～できる」
dapur「台所」
dari「～から」
daripada~「～よりも」
dasi「ネクタイ」
datang「来る」
daun bawang「長ねぎ」
debu「ほこり」
dekat「近い」
delapan「8」
delapan belas「18」
delapan puluh「80」
demikian pula「また同様に」
dengan~「～と一緒に，～で」
depan「前」
deras「ひどい（雨が）」
désa「村」
Désémber「十二月」
detik「秒」
déwasa「大人」
di「～で，～に」
dia「彼，彼女」
di mana「どこに」
dinas「社用，公務」
dinding「壁」
dingin「寒い，冷たい」
diopname「入院する」
doa「祈り」
dokter「医者」
dompét「財布」
dosén「大学講師」
dua「2」
dua belas「12」
dua-duanya「両方とも」
dua puluh「20」
dua ratus「200」
dua ribu「2,000」
duduk「座る」
dulu「以前の」
dulu「以前（文頭にくる場合）」
「先に（文尾にくる場合）」

dunia「世界」
durian「ドリアン」
duta「使節，総領事，公使」

【E】

ékor「～匹」
ékspor「輸出」
emas「金」
empat「4」
empat belas「14」
empat puluh「40」
empat ratus「400」
empuk「やわらかい」
énak「おいしい」
enam「6」
enam belas「16」
enam puluh「60」
engkau「おまえ」
Eropa「ヨーロッパ」
és batu「氷」
és krim「アイスクリーム」

【F】

fakultas「学部」
famili「親せき」
Fébruari「2 月」
Filipina「フィリピン」
film「映画」
foto「写真」
fotokopi「コピー」

【G】

gado-gado「野菜サラダ」
gajah「象」
gaji「給料」
garam「塩」
garasi「ガレージ」
garis「線」
garpu「フォーク」
gedung「建物，ビルディング」
gelap「暗い」
gelas「グラス，コップ」
gembira「うれしい」
gemuk「ふとった」
geréja「教会」
gigi「歯」
gordén「カーテン」
gula「砂糖」
guna「効用」
gunung「山」
guru「先生」

【H】

habis「なくなる，終了する」
hadirin「出席者」
hal「こと，ことがら」
halaman「ページ，庭」
halo「もしもし」
halté「バス停」
hampir~「（ほとんど）～しそう」
hantu「幽霊，おばけ」
hanya「ほんの，ただ」
harga「値段」
hari「日」
hari apa「何曜日」
hari ini「今日」
hari Jumat「金曜日」
hari Kamis「木曜日」
harimau「トラ」
hari Minggu「日曜日」
hari Rabu「水曜日」
hari raya「祭日」
hari Sabtu「土曜日」
hari Selasa「火曜日」

hari Senin「月曜日」
harus「～しなければならない」
hasil「成果，結果」
haus「のどがかわいた」
hélai, lembar「～枚」
hendak「望む」
héwan「獣」
hidung「鼻」
hidup「生活，生きる」
hijau「緑色の」
hilang「なくなる，消える」
hitam「黒い」
hormat「尊敬」
HP「携帯電話」
hujan「雨」
huruf「文字」
hutan「森」

【I】

ia「彼，彼女」
ibu「母」
Ibu「あなた（年上か位の高い女性に対し）」
ikan「魚」
ikat pinggang「ベルト」
ikut「従う，ついて行く」
ilmu pengetahuan「科学」
impor「輸入」
indah「（景色が）美しい」
industri「工業」
ingat「思い出す，覚えている」
Inggris「イギリス」
ingin「～を欲する（強意）」
ini「これ」
isi「内容，中身」
istana「宮殿」
istri「妻」
itu「それ」
izin「許可」

【J】

jadi「だから」
jagung「トウモロコシ」
jalan「道」
jalan-jalan「散歩」
jam 7「7時」cf 7 jam「7時間」
jam「時計」
jangan「～するな」
janji「約束」
Januari「一月」
jarang「まれな，めったに～しない」
jari「指」
jatuh「落ちる，ころぶ」
jauh「遠い，はるかに」
jélas「明らかな，はっきりと」
jelék「悪い」
jembatan「橋」
jendéla「窓」
Jepang「日本」
Jérman「ドイツ」
jeruk「みかん，かんきつ類」
juga「～もまた」
Juli「七月」
jumlah「合計」
jumpa「会う」
Juni「六月」
jus jeruk「オレンジジュース」

【K】

kaca「ガラス板」
kacamata「めがね」
kadang-kadang「ときどき」
kado「プレゼント」
kaisar「天皇」
kagum「感銘する」

kain「布」
kakak「兄，姉」
kakék「祖父」
kaki「足」
kalah「負ける」
kalau「もし～ならば」
kali「回，度，かける（×）」
kalian「おまえたち」
kalung「ネックレス」
kamar「部屋」
kamar kecil「お手洗い，トイレ」
kamar makan「食堂」
kamar mandi「風呂場」
kamar tamu「応接間」
kamar tidur「寝室」
kambing「山羊」
kami「私たち（話し相手を含まない）」
kampung「田舎，スラム街」
kamu「おまえ」
kamus「辞書」
Kanada「カナダ」
kanan「右の」
kantor「事務所，会社」
kantor polisi「警察署」
kantor pos「郵便局」
kapal「船」
kapal terbang「飛行機」
kapan「いつ」
kapur「石灰」
kapur tulis「チョーク」
karang「さんご」
karcis「切符」
karena「～ので」
karena「なぜなら」
karét「ゴム」
karyawan「労働者，勤労者」
kata「言葉」
kaus kaki「靴下」
kawan「友だち」
kawin「結婚する」
kaya「金持ちの」
kayu「木材」
ke「～へ」
keadaan (ada)「状態」
keadilan (adil)「正義，公正」
kebaikan (baik)「善意」
kebersihan (bersih)「清潔」
kebudayaan (budaya)「文化」
kebun「庭」
kebun binatang「動物園」
kecantikan (cantik)「美」
kécap asin「しょう油」
kecil「小さい」
kecoa「ゴキブリ」
kedengaran (dengar)「聞こえる」
kediaman (diam)「住居」
kedinginan (dingin)「寒い状態の」
kedutaan (duta)「総領事館，公使館」
kedutaan besar「大使館」
kegiatan (giat)「活動」
kehidupan (hidup)「生活」
kehilangan (hilang)「なくなる」
kehujanan (hujan)「雨にふられる」
kéju「チーズ」
kelahiran (lahir)「誕生」
kelapa「やし」
kelaparan (lapar)「飢える」
kelas「クラス」
kelihatan (lihat)「見える」
kelihatannya~「～のように見える」
kelinci「うさぎ」
keluar「出る」
keluarga「家族」
kemajuan (maju)「進歩」

ke mana「どこへ」
kemarin「昨日」
kemarin dulu「おととい」
kematian (mati)「死」
kembali「戻る」
keméja「シャツ」
kemerdékaan (merdeka)「独立」
kena「当たる」
kenal「知り合う」
kenapa「なぜ」
kentang「じゃがいも」
kepada「(人) に」
kepala「頭，長」
kepala kantor「社長」
kepanasan (panas)「暑い状態の」
kepanjangan (panjang)「長い状態の」
kepiting「かに」
keponakan「甥，姪」
kerajaan (raja)「王国」
keras「固い，強い」
keréta api「列車，汽車」
keréta di bawah tanah「地下鉄」
keréta listrik「電車」
kering「乾く」
kertas「紙」
kesatuan (satu)「統一」
keséhatan (séhat)「衛生，健康」
kesiangan (siang)「遅くなる」
kesukaran (sukar)「困難」
ketakutan (takut)「こわい状態の」
keterangan (terang)「説明」
ketika「～の時」
ketimun「きゅうり」
ketinggalan (tinggal)
「置き去りにされる」
khas「特殊，独特」
khusus「特別の」
kimia「化学」
kipas angin「扇風機」
kira「思う」
kira-kira「約」
kiri「左の」
kita「私たち (話し相手を含む)」
kodok「かえる」
kol「キャベツ」
kolam「池，プール」
koma「小数点，カンマ」
komputer「コンピュータ」
kondéktur「車掌」
kontrak「契約」
koper「スーツケース」
kopi「コーヒー」
koran「新聞」
koran harian「日刊紙」
Koréa「大韓民国」
korék api「マッチ」
korting「ディスカウント」
kosong「からの」
kota「町，市」
kotor「きたない」
kraton「王宮」
kuat「強い」
kuburan「墓」
kucing「ねこ」
kuda「馬」
kué「お菓子」
kuil「(仏教) 寺院」
kuku「爪」
kuliah「(大学の) 講義」
kulkas「冷蔵庫」
kumis「口ひげ」
kunci「かぎ」
kuning「黄色い」
kurang「不十分な」

kurang「(何分) 前」
kursi「いす」
kurus「細い，やせた」

【L】

laci「引き出し」
lada「こしょう」
lagi「再び」
lahir「生まれる」
lain「他の」
laki-laki「男」
lalat「ハエ」
lalu「それから」
lama「古い」
lambat「遅い」
lampiran「添付書類」
lampu「ランプ」
lampu listrik「蛍光灯」
lancar「円滑な」
langit「空，天」
langit-langit「天井」
lanjut「続いている」
lantai「床，階」
lapangan sépak bola「サッカー場」
lapar「空腹の」
lari「走る，逃げる」
laut「海」
lautan「海洋」
lebah「蜂」
lebaran「断食明け祝祭日」
lébat「すごい（雨が)」
lebih「より～である（比較級)」
lebih baik~「～したほうがよい」
léhér「首」
lemah「弱い」
lemari「棚」
lemari buku「本棚」
lembab「湿っぽい」
lengan「腕」
léwat「通過する」
léwat「(何) 分過ぎ」
liburan「休暇，休み」
licin「つるつるした」
lidah「舌」
lilin「ろうそく」
lima「5」
lima belas「15」
lima puluh「50」
lobak「大根」
luar「外」
luar negeri「外国」
luas「広い」
lucu「おかしい，おもしろい」
lukisan「絵画」
lumayan「まあまあです」
lusa「あさって」

【M】

mahal「高い（値段が)」
mahasiswa「大学生」
majalah「雑誌」
maju「進む」
makan「食べる」
makanan「食べ物」
makin~ makin~
「～になるほど～である」
maklum「承知している」
mal「モール」
malam「夜」
malam-malam「夜遅く」
malas「怠惰な」
Malaysia「マレーシア」
mana「どこ」
mandi「お風呂に入る，沐浴する」

mangga「マンゴー」
manggis「マンゴスチン」
mangkok, mangkuk「お椀，茶碗」
mangsa「獲物」
manis「甘い，かわいい」
manisan「甘いもの」
manusia「人間，人類」
marah「怒る」
Maret「三月」
mari (kita)~「さあ～しましょう」
masakan「料理」
masalah「問題」
masih「まだ～である」
masuk「入る」
masyarakat「社会」
masyhur「有名な」
mata「目」
matahari「太陽」
mati「死ぬ」
mau「～たい」
mébel「家具」
Méi「五月」
méja「机」
melalui (lalu)「通過する，経由して」
melampirkan (lampir)「添付する」
melanjut (lanjut)「継続する」
melarang (larang)「禁止する」
melawan (lawan)「抵抗する，敵対する」
melémpar (lémpar)「投げる」
melihat (lihat)「見る」
melompat (lompat)「ジャンプする」
melupakan (lupa)「忘れる」
memakai (pakai)「着る，使う」
(me)makan waktu「(時間が) かかる」
memandikan (mandi)「お風呂に入れる」
memanfaatkan (manfaat)
「役に立たせる，有益にする」
mémang「当然」
memanggil (panggil)「呼ぶ」
memarahi (marah)「しかる」
memasak (masak)「料理を作る」
memasang (pasang)
「設置する，つける（ランプなどを)」
memasukkan (masuk)「入れる」
membaca (baca)「読む」
membangun (bangun)「建設する」
membangunkan (bangun)「起こす」
membantu (bantu)「手伝う」
membawa (bawa)
「持って行く，持って来る」
membayar (bayar)「支払う」
membeli (beli)「買う」
memberi (beri)「与える」
memberitahukan (beritahu)
「知らせる，通知する」
membersihkan (bersih)「清潔にする」
membuka (buka)「開ける，脱ぐ」
membunuh (bunuh)「殺す」
membunyikan (bunyi)「音をたてる」
memenuhi (penuh)「満たす」
memeriksa (periksa)「検査する」
memerlukan (perlu)「必要とする」
memesan (pesan)
「注文する，予約する，伝言する」
memindahkan (pindah)「移動させる」
meminjam (pinjam)「借りる」
meminjamkan (pinjam)「貸す」
memotong (potong)「切る」
memperbaiki (baik)「修理する」
memperbanyak (banyak)「多くする」
memperbesar (besar)「大きくする」
mempergunakan (guna)「使用する」
memperhatikan (hati)
「注目する，注意を払う」

memperkecil (kecil)「小さくする」
memperkenalkan (kenal)「紹介する」
memperkirakan (kira)「推量する」
memperlébar (lébar)「広げる」
memperlihatkan (lihat)「見せる」
memperpanjang (panjang)「延長する」
mempertahankan (tahan)
「維持する，防衛する」
mempertunjukkan (tunjuk)「上演する」
memproklamasikan (proklamasi)
「宣言する」
mempunyai「所有する，持つ」
memuaskan (puas)「満足させる」
memuji-muji (puji)「賞賛する」
memukul (pukul)「打つ，ぶつ」
memulai (mulai)「始まる」
memutuskan (putus)「決定する」
menabur (tabur)「蒔く」
menandatangani (tandatangan)
「調印する」
menangis (tangis)「泣く」
menangkap (tangkap)
「つかまえる，逮補する」
menanti (nanti)「(期待して) 待つ」
menantu「嫁，婿」
menanyakan (tanya)「尋ねる，質問する」
menarik (tarik)「面白い，興味深い」
menawar (tawar)「値切る」
mencampurkan (campur)「混合する」
mencari (cari)「捜す」
menceritakan (cerita)「話をする」
mencuci (cuci)「洗う」
mencukupi (cukup)「補足する，充分だ」
mendaki (daki)「登る」
mendapat (dapat)「得る，獲得する」
mendengar (dengar)「聞く」
mendengarkan (dengar)「傾聴する」
mendirikan (diri)「設立する」
mendudukkan (duduk)「座らせる」
menekankan (tekan)
「力を入れる，重点を置く」
menélépon (télépon)「電話する」
menempatkan (tempat)
「配置する，置く」
menempuh (tempuh)「突撃する，入る」
menemukan (temu)
「発明する，発見する」
menéngok (téngok)「見舞う」
menerangi (terang)「照らす」
menerima (terima)「受け取る」
mengadakan (ada)「行う」
mengaduk (aduk)「かき混ぜる」
mengajak (ajak)「誘う」
mengajar (ajar)「教える」
mengalahkan (kalah)「負かす」
mengambil (ambil)「取る」
mengangkat (angkat)「持ち上げる」
mengapa「なぜ」
mengarang (karang)「作文する」
mengelilingi (keliling)「囲む」
mengeluarkan (keluar)「出す」
mengembalikan (kembali)「返す」
mengenai~「～に関して」
mengendap (endap)「沈殿する」
mengepak (pak)「梱包する」
mengerti (arti)「理解する」
menggambar (gambar)「絵を書く」
mengganti (ganti)「取りかえる」
menggerakkan (gerak)「動かす」
menggigit (gigit)「かむ」
menggosok (gosok)「みがく，こする」
menggunting (gunting)「はさみで切る」

menghadapi (hadap)
「直面する，その前に座る」
menghadiri (hadir)「出席する」
mengharapkan (harap)「望む, 期待する」
menghargai (harga)「高く評価する」
menghasilkan (hasil)
「生産する，結果を得る」
menghidangkan (hidang)「供える」
menghilang (hilang)「消える」
menghitung (hitung)「数える」
mengikuti (ikut)
「参加する，（試験などを）受ける」
mengirim (kirim)「送る」
mengisi (isi)「中へつめる，記入する」
mengolah (olah)「加工する」
mengucapkan (ucap)「申し述べる」
mengukur (ukur)「測る」
mengulang (ulang)「くり返す」
mengundang (undang)「招待する」
mengunjungi (kunjung)「訪問する」
mengusir (usir)「追い出す，追い払う」
menikah (nikah)「結婚する」
menikmati (nikmat)「満喫する」
menilai (nilai)「価値をつける, 評価する」
meninggal (tinggal)「死亡する」
meninggalkan (tinggal)
「離れる，置き去りにする」
menit「分」
menitip (titip)「預ける」
menjadi (jadi)「～になる」
menjaga (jaga)「見張る，警戒する」
menjahit (jahit)「縫う」
menjajah (jajah)「占領する」
menjawab (jawab)「答える」
menjual (jual)「売る」
menjumpai (jumpa)「会う」
menolong (tolong)「救う，助ける」
menonton (tonton)「観る（じっと）」
mentah「生の」
mentega「バター」
menteri「大臣」
menteri luar negeri「外務大臣」
menukar (tukar)「交換する」
menulis (tulis)「書く」
menunggu (tunggu)「待つ」
menurut「～によると」
menutup (tutup)「閉める」
menyala (nyala)「炎が出る, 火がつく」
menyambung (sambung)
「つなぐ，接続する」
menyampaikan (sampai)「届ける」
menyanyi (nyanyi)「歌を歌う」
menyapu (sapu)「ほうきで掃く」
menyebabkan (sebab)「原因となる」
menyeberangi (seberang)「渡る」
menyenangi (senang)「好む」
menyeterika (seterika)
「アイロンをかける」
menyéwa (sewa)「賃借りする」
menyewakan (sewa)「賃貸しする」
menyimpan (simpan)
「しまう，保管する」
menyuruh (suruh)「命じる」
mérah「赤い」
mérah muda「ピンク」
merasa (rasa)「感じる」
meréka「彼ら，彼女ら」
mérék「ブランド，商標」
merokok (rokok)「タバコを吸う」
mertua「義父母」
merupakan (rupa)「～である」
mesin「機械」

mesin cuci「洗たく機」
Mesir「エジプト」
mesjid「モスク」
meskipun~「たとえ～でも」
mesti「～しなければならない」
mewakili (wakil)「代表をする」
mewujud (wujud)「現れる, 具現化する」
meyakinkan (yakin)「確信させる」
mie goréng「焼そば」
minggu「週」
minta「要求する」
Minta maaf.「ごめんなさい」
minum「飲む」
minuman「飲物」
minuman keras「酒類」
minyak「油」
miskin「貧しい」
mobil「自動車」
mogok「エンスト，ストライキ」
monyét「さる」
muda「若い」
mudah「容易な，簡単な」
muka「顔」
mulut「口」
mundur「後退する」
mungkin「多分」
murah「安い」
murid「生徒」
musik「音楽」
musim「季節」
musim bunga「春」
musim dingin「冬」
musim gugur「秋」
musim panas「夏」
musim semi「春」
musuh「敵」
mutiara「真珠」
mutu「品質」

【N】

naik「登る，乗る，上がる」
nakal「いたずらな，悪さの」
nama「名前」
nanti「のちに」
nanti malam「今晩」
nanti soré
「今夕（まだ夕方にならない時）」
naséhat, nasihat「忠告」
nasi「ご飯」
nasi goréng「焼めし」
naskah「原稿」
negara「国家」
negeri「国」
nénék「祖母」
nol「0」
berapa nomor「何番」
Nona「あなた（Miss. の意）」
Novémber「十一月」
nyamuk「蚊」
Nyonya「あなた（Mrs. の意）」

【O】

obat「薬」
Oktober「十月」
oléh karena itu~「それゆえ」
ongkos「料金，費用」
om「おじさん」
orang「人」
orang「～人」
orang asing「外国人」
orang Indonésia「インドネシア人」
orang tua「両親」
oranye「オレンジ色の」

【P】

pabrik「工場」

pacar「恋人」
pada 曜日，月，年の前置詞
pada akhir~「～の下旬」
pada awal~「～の初旬」
pada mulanya「当初」
pada pertengahan~「～の中旬」
pada suatu hari「ある日」
padat「ぎっしりつまった」
padi「稲」
pagar「へい」
pagi「朝」
pagi-pagi「朝早く」
pahatan「彫刻」
pahit「にがい」
pahlawan「英雄」
pajak「税金」
pakaian「服」
paling「最も～である（最上級）」
paman「おじさん」
panas「暑い，熱い」
panci「なべ」
pandai「上手な，頭のよい」
panjang「長い（長さが）」
pantai「海岸」
papan tulis「黒板」
papaya「パパイヤ」
para「～たち」
pasang「～組，足」
pasar「市場」
pasir「砂」
pasti「確かに，必ず」
patung「石像，木彫り」
payah「ひどい，困った状態」
payung「傘」
pecah「勃発する，割れる」
pedagang「商人」
pedas「辛い」
pegawai「職員」
pegawai kantor「会社員」
pegawai negeri「公務員」
pekerjaan「仕事，労働」
pelabuhan udara「空港」
pelajaran「課」
pelangi「虹」
pelan-pelan「ゆっくりと」
pelaut「船員，船乗り」
pemandangan (pandang)「景色」
pembersihan (bersih)「掃除」
pembukaan (buka)「開始」
pemerintah「政府」
pemilik (milik)「所有者」
pemimpin (pimpin)「指導者」
pemuda (muda)「若者，青年」
pencopét (copét)「すり」
pencuri (curi)「どろぼう」
pendapatan (dapat)「歳入，収入」
péndék「短い，背が低い」
pendengar (dengar)「聴衆」
pendidikan (didik)「教育」
penduduk (duduk)「人口，住民」
penentang (tentang)「反対者」
penerangan (terang)「説明」
pengadilan (adil)「裁判」
pengeluaran (keluar)「歳出，支出」
pengertian「理解」
pengetahuan「知識」
penggaris「定規」
penghapus「黒板消し」
pengusaha「企業家」
penjahat「悪者」
pénsil「えんぴつ」
penting「重要な」
penuh「いっぱいの」
penyanyi「歌手」
pérak「銀」
perang「戦争」

perangko「切手」
perantaraan「配達」
peraturan「規則」
perawat/suster「看護師」
perbaikan「改善」
percaya「信じる」
perdagangan「商業」
perempuan「女」
pergerakan「運動，活動」
pergi「行く」
perhatian「注目，関心」
perikanan「漁業」
perjalanan「旅行，行程」
perjuangan「闘争」
perkembangan「発展」
perlindungan「保護」
perlu, usah「～する必要がある」
permén「あめ」
permén karét「ガム」
permulaan「初め」
pernah「～したことがある」
perpisahan「別離」
perpustakaan「図書館」
persahabatan「友情」
persatuan「統合」
perséntase「パーセンテージ」
persoalan「問題」
pertama「第 1 番目」
pertambangan「鉱業」
pertanian「農業」
pertanyaan「質問」
pertemuan「会議」
pertumbuhan「成長」
perusahaan「企業」
perusahaan patungan「合弁企業」
pesanan「注文（品）」
pesat「急速な」
pesawat「内線，機械」
pésta「パーティー」
petani「農民」
piano「ピアノ」
pindah「移動する」
pinggang「ウエスト」
pinggul「腰」
pingsan「気絶する」
pintar「頭のよい」
pintu「ドア」
pintu gerbang「門」
pipi「ほほ」
piring「皿」
pisang「バナナ」
pisau「ナイフ」
pohon「木」
polisi「警察官」
pos kilat「速達」
pos polisi「交番」
Prancis「フランス」
pria「男性」
proyék「プロジェクト」
PT (= perséroan terbatas)「株式会社」
pulang「帰る」
pulau「島」
pulpen「ペン，万年筆」
puncak「頂上」
punya siapa「誰のもの」
pusat「中心，センター」
putih「白い」
putri「王女，女子」

【R】

racun「毒」
radio「ラジオ」
rajin「勤勉な，まじめな」

raksasa「巨大な，巨人」
rakyat「人民」
ramai「にぎやかな」
rambut「髪の毛」
rambutan「ランブータン」
raya「大きな」
réktor「大学の学長」
rendah「低い」
rendang「ルンダン（パダン料理の 1 品）」
réstoran「レストラン」
révolusi「革命」
ringan「軽い」
roda「車輪」
rok「スカート」
rokok「タバコ」
roti「パン」
rumah「家」
rumah sakit「病院」
rumah tangga「家庭」
rumput「草」
rusak「こわれる」
Rusia「ロシア」

【S】

sabar「我慢する」
sabun「せっけん，洗剤」
sadar「自覚する，気付く」
saingan「競争」
sakit「病気の，痛い」
sakit gigi「歯痛の」
sakit hati「心が傷ついた」
sakit kepala「頭痛の」
sakit lambung「胃痛の」
sakit perut「腹痛の」
saku「ポケット」
salah「間違った」
salah satu「～の中の一つ」
salam「あいさつ」
saling「互いに」
salju「雪」
sama「同じ」
sambil~「～しながら」
sampai, tiba「到着する」
sana「あそこ」
sandal「サンダル」
sangat「非常に」
sapi「牛」
saputangan「ハンカチ」
sarung tangan「手袋」
sastra「文学」
saté ayam「焼鳥」
satu「1」
satu miliar「1,000,000,000」
Saudara「君」
saudara sepupu「いとこ」
saus tomat「トマトケチャップ」
sawah「水田」
sawi hijau「なっぱ」
sawi putih「白菜」
saya「私」
sayang「残念な，もったいない」
sayur「野菜」
SD「小学校」
sebab「理由」
sebelah「横，側」
sebelas「11」
sebelumnya「前もって，事前に」
sebelum~「～の前に」
sebenarnya「本当は」
sebentar「少々（時間が）」
sebentar lagi「もう少し（時間が）」
secara「～の方法で」
sedang「～している（進行形）」
sedangkan「ところが一方」

sedih「悲しい，さびしい」
sedikit「少ない」
segar「新鮮な」
segera「直ちに」
segi empat「4 角」
sehari-hari「日常」
sejak「～以来」
sejuta「1,000,000」
sekali「非常に，1 回」
sekarang「今，現在」
sekolah「学校」
sékretaris「秘書」
sekuat tenaga「一生懸命」
selalu「いつも，常に」
selama~「～の間」
selatan「南」
selé「ジャム」
seluruh「全」
semangka「すいか」
sembahyang「アラーに対する祈り」
sembilan「9」
sembilan belas「19」
sembilan puluh「90」
sembuh「回復する」
seméster「学期」
semua「全部の」
semut「あり」
senam「体操」
senang「楽しい」
sendiri「一人で」
séndok「スプーン」
seni「芸術」
sénior「先輩」
sepanjang hari「一日中」
sepatu「靴」
sepéda「自転車」
sepéda motor「オートバイ」
seperempat jam「15 分」
seperti~「まるで～のよう」
Séptémber「九月」
sepuluh「10」
sepuluh juta「10,000,000」
sepuluh ribu「10,000」
seratus「100」
seratus juta「100,000,000」
seratus ribu「100,000」
seratus satu「101」
seratus sebelas「111」
seratus sepuluh「110」
seribu「1,000」
sering「しばしば」
serta「および，ともに」
sesuai dengan
「～に相応する，一致する」
sesuatu「あるもの」
sesudah~「～のあとで」
setelah~「～のあとで」
setengah「半分」
setengah jam「30 分」
2 setengah jam「2 時間半」
setuju「賛成する」
seumur hidup「一生」
se 形容詞＋ mungkin「できる限り～」
siang「昼」
siapa「誰」
sibuk「忙しい」
silakan「どうぞ～して下さい」
singa「ライオン」
Singapura「シンガポール」
singgah「立ち寄る」
sini「ここ」
sistématis「体系的な」
siswa「学生，生徒」
situ「そこ」

SMA, SMU「高等学校」
SMP「中学校」
soré「夕方」
Spanyol「スペイン」
stasiun「駅」
stupa「ストゥーパ」
stroberi「いちご」
suami「夫」
sudah「もう〜だ（過去形）」
sudi「好む」
suka「好き」
sukar「難しい，困難な」
suku cadang「部品」
sumpit「はし」
sungai「川」
sungguh-sungguh「真剣に」
sup「スープ」
supaya~「〜するように」
supir「運転手」
surat「手紙」
surat kabar「新聞」
susah「難しい，困難な」
susu「牛乳」
syarat「条件」

【T】

tabuh「太鼓（イスラム寺院用）」
tadi「さっき」
tadi malam「昨晩」
tadi pagi「けさ」
tadi siang「今日の昼（過ぎている）」
tahu「知る」
tahun「年，歳」
tahun berapa「（西暦）何年」
tajam「鋭い」
takluk「降伏する」
tak seorang pun~「誰も〜でない」
taksi「タクシー」
taman「公園」
tamu「客」
tanah「土，土地」
tanah air「祖国」
tanda「印」
tanda tangan「署名，サイン」
tangan「手」
tangga「階段」
tanggal berapa「何日（日付）」
tanpa「〜なしに」
tante「おばさん」
taplak méja「テーブルクロス」
taraf「レベル」
tari「踊り」
tas「かばん」
tebal「厚い」
téh「お茶，紅茶」
télévisi, TV「テレビ」
telinga「耳」
teliti「詳細な」
telur「卵」
teman「友だち」
tembakau「タバコ」
tempat「場所」
tempat sampah「ごみ箱」
tempat tidur「ベッド」
tenaga「力」
tengah「中央，真ん中」
tengah hari「正午」
tengah malam「真夜中」
tentang「〜について」
tentara Sekutu「連合軍」
tepat「ちょうど」
terang「明るい」
terasa「感じられる」
teratur「規則正しい」

terbang「飛ぶ」
terbuka「開けっぱなしの」
tercantum「記述される」
terdiri dari「〜から成る」
terhitung (hitung)「数えられる」
Terima kasih.「ありがとうございます」
Terima kasih kembali.
「どういたしまして」
terjatuh「(思わず) 落ちる，ころぶ」
terkejut「驚く」
terkenal「有名な」
terlalu「〜すぎる」
terlambat「遅れる」
terletak「〜に位置する」
termasuk「含まれる」
térong「なす」
terpaksa (paksa)「いやおうなく」
tersebut (sebut)「既述の」
tersenyum「ほほえむ」
tertarik「興味を引かれる」
tertawa「笑う」
tertentu「一定の」
terus-menerus「ひっきりなしに」
terutama「特に」
tetapi「しかし」
Thai「タイ」
tiap「毎」
tiap hari「毎日」
tiba-tiba「突然」
tidak
「動詞および形容詞を否定する否定詞」
Tidak apa-apa.「いいえ，かまいません」
tidak mungkin「ありえない」
tidak~ apa-apa「何も〜でない」
tidur「寝る」
tiga「3」
tiga belas「13」
tiga puluh「30」
tiga ratus「300」
tikus「ねずみ」
timbul「浮かび上がる」
timur「東」
tinggal「住む」
tinggi「高い (高さが)」
tingkah laku「行動，態度」
tingkat「段，階」
Tiongkok「中国」
tipis「薄い」
toilét「トイレ」
toko「店」
tokoh utama「主役」
toko serba ada (toserba)「百貨店」
tolong~「どうか〜して下さい」
tomat「トマト」
topan「あらし」
topi「帽子」
transmigrasi「移住」
triliun「兆」
tropis「熱帯の」
truk「トラック」
tua「年とった」
Tuan「あなた (Mr. の意)」
tujuh「7」
tujuh belas「17」
tujuh puluh「70」
tukang kayu「大工」
turun「降りる，下がる」

【U】

uang「お金」
uap「蒸気」
udang「エビ」
ujian masuk universitas
「大学入学試験」

ukuran「大きさ，サイズ」
ulang「くり返す」
ular「へび」
umat「信徒」
umur「年齢」
ungu「紫の」
universitas「大学」
untuk~「～のために」
urutan「順序」
utara「北」

【V】

vidéo「ビデオ」
visa「ビザ」

【W】

waktu~「～の時」
walaupun~「たとえ～でも」
wanita「女性」
warna「色」
wartawan「(新聞)記者」
warung「屋台」
WC「トイレ」
wiski「ウイスキー」
wortel「にんじん」

【Y】

yaitu「すなわち」
yakin「確かな」
yang「関係代名詞」
yang akan datang「～後（時間）」
yang lalu「～前（時間）」
yang mana「どちら」
Yunani「ギリシャ」
yunior「後輩」

【Z】

zaman「年代，時代」

【著者について】

舟田　京子（ふなだ　きょうこ）

東京生まれ。東京外国語大学インドネシア語学科卒業。
インドネシア大学文学部インドネシア文学科学士課程卒業。
マラヤ大学マレー研究科修士課程修了。
早稲田大学大学院アジア太平洋研究科博士課程修了。
現在神田外語大学特任教授。

著書に『やさしいインドネシア語の決まり文句』（南雲堂），『インドネシア語常用会話辞典』（南雲堂フェニックス），『インドネシア語基本単語 2000』（語研），『アセアンの言語と文化』（高文堂），『多言語社会インドネシア』（めこん），『プログレッシブインドネシア辞典』（小学館）などがある。

やさしい初歩のインドネシア語【改訂新版】

1　刷	2023年3月31日	[P-57]
著　者	舟田 京子　　Kyoko Funada	
発行者 発行所	南雲　一範　Kazunori Nagumo 株式会社　南雲堂 〒162-0801　東京都新宿区山吹町 361 NAN' UN-DO CO.,Ltd. 361 Yamabuki-cho, Shinjuku-ku, Tokyo 162-0801, Japan 振替口座：00160-0-46863 TEL：03-3268-2311(営業部：学校関係) TEL：03-3268-2384(営業部：書店関係) TEL：03-3268-2387(編集部) FAX：03-3269-2486	
編集者	加藤　敦	
組　版	中西　史子	
装　丁	銀月堂	
検　印	省略	
コード	ISBN978-4-523-51057-4　C0087	

Printed in Japan

E-mail　nanundo@post.email.ne.jp
URL　https://www.nanun-do.co.jp